14

CATARATA

Joan Carles Marset

Ateísmo y laicidad

DISEÑO DE CUBIERTA: ESTUDIO PÉREZ-ENCISO

© JOAN CARLES MARSET, 2008

© LOS LIBROS DE LA CATARATA, 2008
   FUENCARRAL, 70
   28004 MADRID
   TEL. 91 532 05 04
   FAX. 91 532 43 34
   WWW.CATARATA.ORG

ATEÍSMO Y LAICIDAD

ISBN: 978-84-8319-355-6
DEPÓSITO LEGAL: M-11.125-2008

UBI DUBIUM IBI LIBERTAS

ÍNDICE

PRÓLOGO

Este libro trata de la laicidad, pero desde una perspectiva poco habitual, la del ateísmo. Eso no significa que la laicidad observada desde el punto de vista del ateísmo tenga una naturaleza propia, distinta de la que pudiera tener, por ejemplo, desde el ámbito de la creencia. El concepto de laicidad no es una entidad flexible que pueda moldearse según intereses circunstanciales, aunque a veces, escuchando a determinados interlocutores, pueda parecer todo lo contrario. Tampoco debería mantener ninguna servidumbre con respecto a las convicciones particulares, porque tan sólo pretende habilitar la fórmula más razonable para hacer posible el respeto y la convivencia. Pero también es cierto que toda construcción humana puede abordarse con sensibilidades diferentes y ahí es donde el ateísmo puede efectuar su aportación específica a la laicidad, menos común, por cuanto resulta menos "familiar", y quizás por ello más original, acaso incluso más rica, o más... ¿sugerente?

Por eso me parece que acercarse a la idea de laicidad desde la perspectiva del ateísmo puede merecer el esfuerzo, tanto para los creyentes como para los no creyentes. Para los creyentes por cuanto les permitirá situarse al otro lado de la "barrera" y comprender por qué aquellos que no comparten su "experiencia", el hecho mismo de "creer" (ya no solamente una creencia particular), concreta, consideran que desde el respeto a la pluralidad la sociedad debería organizarse de un modo distinto, que además resulta extremadamente sencillo y razonable —si no interfieren esos posibles intereses mercenarios que de forma invariable suelen enturbiar todos los procesos—, porque la laicidad no es más, en definitiva, que el simple reconocimiento de que la libertad de pensar es un atributo intrínseco a la condición humana, que en el ámbito social debe traducirse en el respeto a la libertad de conciencia del individuo, y que todas las creencias y convicciones que conviven en una sociedad plural y democrática deben ser tratadas con equidad y bajo el mismo rasero. Para los no creyentes o ateos creo asimismo que puede resultar interesante, porque trata de aportar elementos que contribuyan a evitar la confusión que en este ámbito se produce con demasiada frecuencia entre laicidad y antirreligiosidad, y a su vez entre antirreligiosidad y la crítica tenaz, rigurosa y legítima de la religión y de las prácticas de la mayoría de las religiones.

Muchos pueden pensar también que éste es un debate anacrónico ya superado por la historia, mientras otros quizás se esfuercen vehementemente en hacérnoslo creer, en convencernos de que eso es así. La realidad en cambio nos muestra con insistente tozudez más bien lo contrario. Nos enseña que no sólo estamos lejos aún de asumir la laicidad como un principio efectivo de nuestra organización social y política, sino que cada vez más parece estar en entredicho incluso su propio reconocimiento como principio teórico fundamental. Esta decepción es una de las principales razones que me impulsan a retomar aquí este debate.

Existe aún otro elemento de reflexión que no debería pasarse por alto: si bien desde el ámbito del ateísmo moderno la defensa de la laicidad se acepta hoy de forma mayoritaria como un punto de referencia indiscutible, como un atributo inseparable de su misma identidad, podemos afirmar sin temor a equivocarnos que, salvo honrosas excepciones, no sucede lo mismo desde el ámbito de la creencia. La religión se fundamenta en la aceptación de unos valores absolutos que son revelados y que están más allá de cualquier posible discusión, en consecuencia, toda coexistencia con otros sistemas ideológicos, incluso religiosos, se limita por lo general a una acomodación temporal que permita soportar la presencia del "otro", pero preservando esa posibilidad inherente de expandir su "mensaje" en el mundo, para mejor gloria de sus dioses respectivos, que las religiones consideran como un eje esencial de su "misión". Es posible que, para ser justos, tal afirmación deba circunscribirse solamente a algunas tradiciones religiosas, porque es cierto que no todas las religiones, o al menos no todas las organizaciones de índole religioso, se conducen exactamente igual, pero en nuestro entorno más inmediato es incuestionable que al menos la Iglesia católica, como institución, siempre ha actuado así.

La Iglesia católica jamás ha renunciado a considerar su verdad superior a las demás y solamente por necesidad histórica se ha resignado a compartir su espacio con otras religiones... En síntesis, porque sigue dando por sentado que su visionaria misión es de una naturaleza "distinta", que la legitima a emplear todos los recursos disponibles para alcanzar unos objetivos que, paradójicamente, aunque no sean de este mundo deben ser realizados "aquí". Es la ausencia de verdadero respeto al adversario ideológico. El poder de las ideas es el poder de la argumentación, pero cuando la argumentación está supeditada de antemano a una creencia absoluta y trascendente es difícil aceptar el derecho del prójimo a vivir conforme a su propia concepción del mundo.

En la pretendida adaptación de la Iglesia católica a la modernidad, con la subsiguiente introducción del concepto de "libertad religiosa", cobra cada día mayor relevancia la peculiar y conocida tesis de la "sana laicidad", acuñada en marzo de 1958 por Pío XII en su alocución a los ciudadanos de la región italiana de las Marcas residentes en Roma, que en los últimos tiempos ha sido recuperada, alabada y tomada como modelo por todos sus sucesores hasta Benedicto XVI. Una tesis que contradice de raíz la idea de que no hay más que una "laicidad", y de que poner adjetivos a la laicidad es algo parecido a ponérselos a la libertad o a la democracia. Cuando hablamos de libertad "vigilada", de democracia "orgánica", o de laicidad "sana", "positiva", o "abierta" es probablemente porque en dichas circunstancias la libertad, la democracia y la laicidad se hallan en peligro, o son más bien escasas. No hay más que echar una ojeada al discurso pronunciado en diciembre del pasado 2006, por el actual Papa, en el LVI Congreso Nacional de la Unión de Juristas Católicos italianos, para corroborarlo.

Hay otro aspecto que afecta de forma esencial a esta cuestión sin el cual resultaría difícil comprender la relación de la Iglesia católica con el mundo, y es que desde el siglo IV, en que se convirtió "por decreto" en religión oficial del Imperio romano, la Iglesia se ha acostumbrado a mantener una estrecha relación de simbiosis con el poder. Hay que reconocer que es difícil renunciar, *motu proprio*, a ciertas "ventajas", pero eso lógicamente choca de frente con el concepto de laicidad, que desde el reconocimiento a la libertad del individuo y la autonomía de la razón sólo busca situar en un plano de igualdad a todos los agentes sociales. Ninguna concepción del mundo puede erigirse por encima de las demás ni reclamar un trato de favor porque todas ellas son dignas del mismo respeto, cuando menos relativo, mientras se respeten esos valores comunes.

Según algunos esto nos abocaría a una especie de relativismo inadmisible, sobre todo en el campo de la moral, pero eso se debe a la falta de disposición a aceptar de antemano la legitimidad de otros sistemas morales y a reconocer la igualdad de derechos de todos los ciudadanos. La laicidad sólo pretende consensuar unos valores mínimos que puedan llegar a compartir todos los ciudadanos de un Estado libre y democrático, pero esos valores no pueden ser impuestos desde una única cosmovisión, en especial cuando se refieren a la vida privada de los ciudadanos. En cuanto al Estado, tampoco parece demasiado recomendable proceder a equilibrar las desigualdades extendiendo los "privilegios" a un grupo cada vez mayor de confesiones porque, además de ser impracticable, eso supondría elevarlas a la categoría de entidades subsidiarias y probablemente contribuiría a alejarlas todavía más del cielo, o del referente natural que les pudiera corresponder en función de sus méritos espirituales.

Estas contradicciones llevan a la Iglesia católica a una colisión permanente con el Estado democrático, que no puede reconocer la primacía de la fe, sino tan sólo respetar el derecho a la fe de sus ciudadanos. La fe no es un asunto político, es un asunto religioso, de conciencia, aunque pueda tener consecuencias políticas, y aceptar esa realidad es imprescindible para conseguir una sociedad capaz de mantener el respeto y la concordia entre todos sus ciudadanos. Eso no significa que las personas religiosas o no religiosas, es decir los ciudadanos con sus respectivas convicciones, deban abstenerse de participar en la vida pública o renunciar a sus ideas, pero sí que "sus" creencias y convicciones, para ser respetadas, deben circunscribirse "siempre" a las reglas del juego democrático.

Pero la realidad es terca y como sucede con exasperante reiteración conduce a situaciones contradictorias en las cuales las instituciones de un Estado que se quiere a sí mismo como "no confesional" adoptan en la práctica un ordenamiento jurídico que rezuma todas las esencias de los sistemas más puramente confesionales, con las discriminaciones que ello provoca y las dificultades que conlleva para la consolidación de un modelo social plenamente democrático.

La decisión de publicar este libro se debe a la constatación de que ante el vocerío de aquellos que pretenden encubrir con contumaz hipocresía sus aspiraciones teocráticas y la actitud pusilánime de quienes se pretenden demócratas sin complejos, pero los tienen y muchos, la laicidad va retrocediendo poco a poco, ante nuestras propias narices, en todas las instituciones, comprometiendo gravemente la salud democrática de las sociedades occidentales.

Las confesiones religiosas han comprobado que el progreso económico y material tiende a alejarlas de la sociedad o a relegarlas hacia un rol puramente accesorio y reaccionan con virulencia, tratando de aferrarse a un espacio que consideran "suyo", porque "viene" de Dios, y que temen perder arrebatado por una humanidad en "decadencia" que aspira a organizarse *etsi Deus non daretur*, como ya se atrevió a formular Hugo Grocio, de manera profética, en la primera mitad del siglo XVII. Esa incertidumbre genera mucho miedo y mucha frustración, porque ahí afuera, en el mundo —como advertía el personaje del padre Ferro en *La piel del tambor*, la popular novela de Arturo Pérez-Reverte—, hace "mucho frío", y para hacer frente a ese desamparo, para reconfortar tanta soledad y desesperación, no nos quedará otro remedio que actuar de forma resuelta y con total transparencia.

Para prevenir este tipo de riesgos es por lo que resulta necesario practicar, como decía al principio, una crítica tenaz, firme y despiadada, pero rigurosa, contra los excesos del clericalismo, religioso o no religioso, si se tercia, y mantener una lucha militante en favor de la laicidad, que en el fondo no es otra cosa que la lucha por el respeto al ser humano y a la justicia social.

* * *

El artículo que abre el libro y que da título al conjunto fue presentado por vez primera en julio de 2002 en Barcelona, durante el II Encuentro por la Laicidad en España; poco después fue recogido en la edición que la Fundación Francesc Ferrer i Guàrdia hizo de las ponencias presentadas en dicho Encuentro y, en 2005, fue traducido al catalán por la Lliga per la Laïcitat de Catalunya.

Conservo un entrañable recuerdo de ese "encuentro" porque en él tuve el placer y la oportunidad de compartir mesa con pensadores del relieve y el nivel intelectual de Gonzalo Puente Ojea, Henri Peña Ruíz, Javier Otaola y Salvador Pániker, pero mi satisfacción se debe también a que, en mi opinión, este artículo logra presentar de forma bastante rigurosa cómo la libertad de conciencia es un factor necesario para el desarrollo de un pensamiento ateo coherente y cómo, desde esta concepción de la realidad, sólo la laicidad puede postularse como marco comprehensivo de la pluralidad ideológica en un Estado democrático de derecho. Este texto es pues el más teórico y representativo de los recogidos en este volúmen, mientras que los siguientes —con alguna excepción— se centrarían en el análisis de ciertas especificidades de la laicidad desde la perspectiva del ateísmo, o en denunciar violaciones concretas de la laicidad o la aconfesionalidad del Estado.

"La construcción europea y la laicidad necesaria" fue presentado, también en castellano, en el III Encuentro por la Laicidad en España, celebrado el año 2003 en Albacete, coincidiendo con el proceso final de redacción del tratado constitucional europeo, y muy pronto fue traducido al francés por la Libre Pensée, al catalán en *Espai de Llibertat* —la revista del Moviment Laïc i Progressista— y al italiano en la revista *L'Ateo* —recuerdo a raíz de ello un interesante encuentro en Florencia para tratar del tema, entre otros asuntos, con Giorgio Villella y Baldo Conti, dirigentes de la Unione degli Atei e degli Agnostici Razionalisti, así como la posterior y entrañable cena con el segundo, su encantadora esposa y diversos amigos en su bella casa de la campiña toscana—.

Este artículo cobra nueva relevancia, más de cuatro años después de ser escrito —y tras un período de *impasse* por el rechazo de Francia y Holanda a la Constitución europea—, con el anuncio efectuado por la canciller alemana, la democristiana Angela Merkel, durante las celebraciones por el 50 aniversario de la firma de los Tratados de Roma, de impulsar un proceso de revisión del texto constitucional que permitiese desbloquear la parálisis en que se hallaban las instituciones europeas, proceso que desembocó el 13 de diciembre de 2007 en la firma del nuevo Tratado de Lisboa.

La Iglesia católica no pierde de vista la posibilidad de introducir una referencia a las "raíces cristianas" en el debate sobre el

futuro de la Unión. El papa Benedicto XVI, en la línea de su prede-
cesor, hace ya mucho que ha iniciado su particular "cruzada" para
hacernos creer que "nuestros" valores democráticos, los de "todos"
los ciudadanos europeos, mantienen una deuda con la tradición
cristiana, léase más bien católica, que debemos "pagar", y que su
"olvido" nos conducirá directamente al abismo, por no decir al
infierno, ahora que ya no está claro si existe o no existe.

En una intervención realizada el 24 de marzo de 2007 en el
Vaticano ante los obispos de la Comisión Episcopal de la Comunidad
Europea (COMECE) se permitió afirmar, refiriéndose a Europa, que

> se trata de una identidad histórica, cultural y moral,
> antes que geográfica, económica o política; una identidad cons-
> tituida de un conjunto de valores universales, que el cristianis-
> mo ha contribuido a forjar, desempeñando así un papel no sólo
> histórico, sino también fundacional con respecto a Europa.

En la misma cita no tuvo reparo alguno en defender que
"Europa parece haber emprendido un camino que la podría llevar a
despedirse de la historia", porque "una comunidad que se constru-
ye sin respetar la auténtica dignidad del ser humano, olvidando que
toda persona ha sido creada a imagen de Dios, acaba por no bene-
ficiar a nadie", o que "esta forma singular de apostasía de sí misma,
antes que de Dios, ¿acaso no la lleva a dudar de su misma identidad?". Para terminar dejó bien claro su propósito:

> Sabéis que tenéis la misión de contribuir a edificar, con
> la ayuda de Dios, una nueva Europa [...] inspirada en la
> perenne y vivificante verdad del Evangelio.

En pocas palabras, rememorando aquella antigua expresión acuñada en su día por el inefable obispo Josep Torres i Bages, referida a
Cataluña, y que aún hoy puede contemplarse grabada en la entrada del
santuario de Montserrat, Europa "será cristiana o no será". Según el

papa Ratzinger la esencia de Europa se basa precisamente en el cristianismo y si eso se acabase perdiendo, pues... *kaputt*.

A mi juicio la identidad de Europa es sólida y consistente, aunque como es lógico está en constante evolución y, por fortuna, o al menos así lo esperamos muchos, será distinta de la identidad confesional que la caracterizó en épocas pasadas. La Europa a la que yo aspiro, "mi Europa", se asemeja infinitamente más a la descrita por el escritor "turco" y premio Nobel de literatura Orhan Pamuk en una entrevista realizada por Xavi Ayén y publicada en junio de 2007 en el *Magazine*, el suplemento dominical de *La Vanguardia*: "creo en una Europa que no esté basada en el cristianismo, sino en el Renacimiento, la Ilustración, la Modernidad, la 'libertad, igualdad, fraternidad'... Esa es mi Europa. Creo en esas cosas y quiero formar parte de ellas. Pero si Europa es la civilización cristiana, lo siento mucho, caballero...", que no a la Europa oscura y excluyente defendida por el teólogo y muy "alemán" papa Ratzinger en sus discursos.

Los dos artículos mencionados, así como "Las posiciones atea, agnóstica y laicista ante la educación y la secularización de la sociedad", se presentaron en noviembre de 2003 en Barcelona, durante un seminario titulado "Educar la dimensión religiosa", organizado por el Institut d'Estudis Catalans; y "Sociedad plural y laicidad", publicado en la primavera de 2005 con el título "Laïcitat és neutralitat" en la revista *Dialogal* de la Associació Unesco per al Diàleg Interreligiós de Barcelona, han sufrido algunos retoques necesarios para adecuarlos al paso del tiempo, pero serán perfectamente reconocibles para aquellos que puedan haberlos leído con anterioridad.

En cambio el artículo "Un Papa del pasado, con ademanes modernos", escrito tras el fallecimiento de Juan Pablo II, es un texto totalmente inédito. En su momento surgió como una reacción espontánea ante la ausencia casi absoluta de análisis crítico a la trayectoria vital, pero sobre todo al pontificado de Juan Pablo II, que se vivió en los medios de comunicación durante los días previos y posteriores a su muerte. Aun aceptando que en tales circunstancias fuese comprensible una cierta condescendencia con la figura del difunto Papa, el ambiente de éxtasis colectivo y de alabanza beatífica alejada de cualquier valoración mínimamente racional a la que se entregaron servilmente los medios de comunicación públicos y privados de este país, a mi juicio absolutamente injustificable —por lo menos en el primer caso—, me pareció que merecía una respuesta respetuosa pero contundente, si bien por razones nada sospechosas entonces fue imposible su publicación.

También el artículo titulado "¿Libertad de religión, o libertad de conciencia?" ve la luz por vez primera con esta edición. Este texto es el resultado de una serie de conferencias realizadas durante el otoño de 2005 en diversos foros bajo títulos como *Libertad de conciencia y laicidad* o *El largo olvido de la libertad ideológica*, que tenían como finalidad principal poner de manifiesto cómo el ordenamiento jurídico de nuestro país, al cumplirse 25 años de la aprobación de la actual Ley Organica de Libertad Religiosa, ha marginado con pleno conocimiento de causa el derecho a la "libertad de conciencia" o de "ideología", para legitimar sólo el derecho a la "libertad de religión" tal como la concibe, en una nueva muestra de cinismo, la Iglesia católica desde el Concilio Vaticano II.

Una primera versión de "Apostasía, el derecho a abandonar la religión" apareció publicada en catalán durante la primavera de 2006 en la revista *Espai de Llibertat*. Este artículo ha sido sometido aquí a una profunda revisión para recoger las experiencias de multitud de ciudadanos que durante años han buscado consejo y apoyo ante los interminables obstáculos que se encontraban al tratar de abandonar formalmente la religión a la que en su día fueron adscritos, e incorporar los últimos acontecimientos en relación con el fenómeno de la apostasía que se han producido en nuestro país.

Lo que resulta más desconcertante en este asunto, sobre todo teniendo en cuenta la organización tan jerarquizada y estructurada de que dispone la Iglesia católica, es la heterogeneidad de respuestas que pueden llegar a dar sus responsables en función de algo aparentemente tan peregrino como es el lugar o el país donde uno realice el trámite de apostatar, o incluso de la diócesis donde haya tenido la fortuna, o la desgracia —según se mire— de haber recibido el bautismo. Es algo que sólo puede atribuirse, por un lado, a la perplejidad de la propia Iglesia ante un fenómeno que no tiene cabida dentro de su lógica, y por otro, a la existencia todavía de influyentes sectores ultramontanos que no han digerido siquiera el tímido *aggiornamento* emprendido por el Concilio, y que siguen sin comprender que hoy en día ya no resulta socialmente aceptable tratar de imponer por la fuerza la militancia católica a aquellos que no se sienten identificados con su discurso delirante, o que sencillamente no quieren reconocerse como miembros de esa confesión.

Hay dos hechos recientes que han influido decididamente en el panorama actual de la apostasía, y que permiten explicar su "despegue" tanto mediático como social. El primero de ellos es la visita del papa Benedicto XVI a Valencia en junio de 2006. En ese momento la jerarquía católica se había alineado en el ámbito político con la oposición más conservadora, adoptando una actitud pública abiertamente reaccionaria y beligerante —que sigue manteniendo—, lo que llevó a que en esa ciudad confluyeran en una misma plataforma, bajo el lema *Jo no t'espere* —"Yo no te espero", al Papa, claro—, las reivindicaciones de amplios sectores laicistas con las de otros colectivos sociales, como el de los homosexuales, que hallaron en la apostasía una fórmula idónea para exteriorizar su rechazo a las posiciones de la Iglesia. A eso cabe añadir que uno de los de los máximos exponentes de la línea ideológica de la Conferencia Episcopal Española es precisamente el arzobispo de Valencia, Agustín García-Gasco, quien dicho sea de paso ha visto recompensada su abnegación —fue el impulsor de la Universidad Católica de Valencia y el responsable de la organización del

Encuentro Mundial de Familias, que propició la visita del pontífice— con la púrpura cardenalicia, lo que ha provocado un profundo desconcierto en los sectores más moderados de la Iglesia local, que ven en ello un respaldo del Papa a las tesis conservadoras y tradicionalistas del episcopado. Aunque lo que sorprende de veras es que algo así aun pueda "desconcertar" a nadie que conozca la trayectoria y la línea de pensamiento de este Papa, porque resulta totalmente coherente con ella, pero eso es harina de otro costal...

El otro punto de inflexión que en los últimos años ha venido a impulsar el auge de la apostasía es la determinación de los afectados de acudir a la justicia para resolver sus contenciosos con la Iglesia. Eso ha llevado a la Agencia Española de Protección de Datos y, en última instancia, a la Audiencia Nacional, a conminar a la Iglesia para que acatase algo tan elemental como es la voluntad de los ciudadanos que desean abandonarla, poniendo una pizca de sentido común en este despropósito.

Por último, el artículo "La laicidad en tiempos de Zapatero" surgió a partir de un encargo efectuado por mi buen amigo Joachim Salamero, presidente de la Fédération Nationale de la Libre Pensée francesa, para un monográfico de la revista "L'Idée Libre" destinado a analizar la situación de la laicidad en España a finales de 2006. En su versión original este artículo efectuaba un repaso a la evolución de la laicidad en nuestro país durante los dos primeros años y medio "largos" del gobierno socialista y ponía en evidencia cómo el acoso mediático de la oposición al gobierno —con el apoyo entregado de la jerarquía eclesiástica, siempre ocupada en su misión "espiritual"—, basado en la desfachatez y la calumnia más grosera y burda, había conducido al presidente Zapatero a abandonar su incipiente apuesta por la laicidad, en un intento de acallar a los sectores más beligerantes con concesiones en los ámbitos económico y educativo.

Sin embargo, los tormentosos enfrentamientos "dialécticos" que se sucedieron entre los obispos y los líderes socialistas en la última etapa de la legislatura, a los que asistieron atónitos los ciudadanos por la desvergüenza de unos y la deriva de los demás, dejaron al descubierto los decepcionantes resultados cosechados por el gobierno tras su acaramelado intento de confraternizar con la Iglesia. Así que, una vez roto el idilio, cabe esperar que los socialistas, en caso de revalidar su mandato, abandonen cualquier reticencia a retomar la senda moderadamente "laicista" que habían abandonado al comienzo de su aventura, porque como ya han podido comprobar por la fuerza de los hechos tampoco tendrían demasiado más que perder. Ya se sabe que la esperanza es una virtud....

En fin, espero que esta obra contribuya, en alguna medida, a dar una imagen más real, sin las deformaciones interesadas habituales, sobre qué es el ateísmo, una filosofía de la vida positiva, responsable y felizmente sensata, y ayuden a reforzar el compromiso de los ciudadanos para la conquista de una sociedad laica, que es, en resumen, la causa de una sociedad más justa, libre y solidaria para todos.

CAPÍTULO 1

ATEÍSMO Y LAICIDAD

1. LA NATURALEZA DEL PENSAMIENTO ATEO

El ateísmo es el modelo de pensamiento que propone una concepción radicalmente profana del mundo, que rechaza la existencia de una realidad trascendente con significado propio, que cierra cualquier espacio a la expresión de un ámbito sagrado segregado de la realidad natural. El ateísmo se identifica por una única proposición que se concreta en la ausencia de dimensión sobrenatural, de un dios o, en definitiva, de un espíritu en el cual se encuentre el origen y el sentido de nuestra propia existencia.

El ateísmo no es, sin embargo, una construcción monolítica. Abarca un amplio espectro de opiniones que van desde la afirmación más o menos explícita de la inexistencia de dios hasta la consideración de la idea de dios como una hipótesis innecesaria, desde la posición de aquellos que sostienen que es posible demostrar formalmente la inexistencia de dios hasta la de quienes, aun hallando imposible dicha demostración, encuentran elementos de juicio suficientes para considerar su inexistencia como la opción más plausible, o incluso la de aquellos que ante la ausencia de motivos para considerar la existencia de dios como una hipótesis necesaria optan sencillamente por prescindir de ella. Para entender la naturaleza del pensamiento ateo debemos por tanto asumir que comprende formulaciones distintas, pero que comparten necesariamente algunas características en común, como la convicción de que la vida humana debe afrontarse "como si dios no existiera" independientemente del grado de aceptación de la hipótesis "dios no existe". Todas ellas suscriben la idea de que no hay necesidad de un dios para explicar el mundo, de la inutilidad de la oración, de que sólo el hombre puede escuchar y ayudar al hombre.

Como todo modelo de pensamiento, lo reconozca o no abiertamente, el ateísmo parte del único camino que el ser humano tiene a su alcance para explorar la realidad, y ese camino es el que nos ofrece la experiencia sensible junto con la interpretación racional de la información proporcionada por los sentidos. Esta afirmación no debería llevarnos al error de considerar la percepción sensorial desde una perspectiva ingenua, primaria, puramente intuitiva, sino que desde el primer momento la razón propone fórmulas para poder delimitar la subjetividad del fenómeno particular, procesar la información y encauzar el conocimiento hacia un nivel cada vez más elevado de consistencia formal, de veracidad "universal", manteniendo la posibilidad de revisión y comprobación permanentemente por cualquiera que lo desee. El hombre siempre ha sido consciente de la fragilidad de la información proporcionada por los sentidos y desde sus orígenes se ha esforzado en depurarla, ha desarrollado métodos para incrementar su capacidad de interrogar la naturaleza, de superar sus limitaciones para ampliar su conocimiento y preservar sus experiencias, para incrementar sus posibilidades de supervivencia en un medio hostil.

No se trata tanto de que el hombre haya tenido o no una inquietud natural innata por conocer, como de una cuestión pragmática: el hombre ha buscado la forma de aproximarse a la naturaleza con mayor eficacia simplemente porque de ello dependía su futuro. Es en esencia el mismo método experimental que emplea la ciencia, con la única salvedad de que la ciencia, con el tiempo, ha elaborado un procedimiento riguroso que le permite contrastar sus observaciones de forma sistemática, para alcanzar progresivamente un grado mayor de certeza en sus conclusiones del que podría llegar a inferirse a partir de la simple experiencia desordenada. Solamente cuando el hombre no se ve capaz de hallar en la naturaleza los recursos que necesita para subsistir acude al exterior para tratar de resolver sus problemas.

El hombre en contacto con la naturaleza observa que las plantas crecen a partir de las semillas y comprueba que esparciendo esas semillas en la tierra obtiene al cabo del tiempo una cosecha abundante que garantiza su alimentación durante el resto del año. Cuando se cerciora de que este nuevo método le permitirá conseguir alimento con mayor facilidad, que mejorará sus posibilidades de supervivencia, deja de vagar tras la búsqueda incierta de sustento y se establece. Pero cuando la lluvia falta y se pierde la cosecha, el hombre, impotente y acuciado por el hambre, incapaz de dilucidar la causa por la que el agua se resiste a alimentar sus semillas, alza entonces los ojos al cielo en busca de una explicación que le permita comprender el origen de su infortunio y, en última instancia, que le sirva de consuelo ante su impotencia y desesperación.

La experiencia proporciona la información básica y la razón la capacidad para procesarla y almacenarla, pero en definitiva todo el sistema descansa sobre cuatro premisas que hacen posible su funcionamiento: el deseo o la voluntad del hombre de conocer la realidad, la confianza en sus posibilidades para intentarlo y en su caso lograrlo, la prudencia necesaria para evitar los posibles excesos de esa confianza, y la libertad de poner en práctica sus capacidades como motor indispensable para afrontar abiertamente, sin condicionantes previos, esa ambiciosa aventura.

La necesidad del deseo o de la voluntad de conocer resulta evidente para poder iniciar el proceso, ya que por regla general y salvo accidente sólo aquello que se intenta cuenta con posibilidades de ser alcanzado. Si se evita observar o analizar un fenómeno difícilmente podremos llegar a saber gran cosa sobre él. La razón última del deseo pasa así a un nivel secundario, quizás responde a la necesidad del hombre de superar las dificultades, acaso un interés natural por explicar lo desconocido, lo importante en este caso no es tanto la causa del deseo como constatar que existe efectivamente un ansia del hombre por conocer. La segunda premisa resulta menos evidente pero es todavía más fundamental, sin confianza en la capacidad del hombre poco podemos averiguar sobre la naturaleza de la realidad en ningún sentido, porque con todas sus complejidades y limitaciones, independientemente de qué potencialidades queramos priorizar, él es el sujeto mismo de esta aventura. Sin confianza en la capacidad del hombre no hay conocimiento posible, pero la confianza debe estar íntimamente vinculada a la prudencia. La prudencia como método de aproximación a la realidad, incluso como formulación del escepticismo, la duda metódica, no debería entenderse como rechazo a la realidad a la que nos dirigimos, sino más bien como desconfianza ante nuestras propias limitaciones, nuestros miedos y nuestros prejuicios que con frecuencia nos inducen a encontrar aquello que anhelamos más que a descubrir la esencia real de la naturaleza. La realidad no se oculta de nosotros, pues carece de voluntad, son nuestras limitaciones las que dificultan nuestra aproximación a la realidad, y pueden ser nuestras interpretaciones las que nos alejen definitivamente de ella. Nuestra prudencia no es desconfianza hacia la realidad que queremos comprender, sino hacia nuestra ingenuidad o hacia nuestra soberbia, que con suma facilidad nos lleva a distorsionar la información que recibimos y nos conduce a conclusiones ajenas a los hechos observados.

Esta prevención propia del ámbito profano que puede parecer tan trivial, en ocasiones casi tan intuitiva, evidente, no actúa de la misma forma desde el ámbito de lo sagrado. Si el ámbito profano se inclina por proponer verdades o interpretaciones "universales" de los hechos, lo que empleando el lenguaje de Popper denominaríamos proposiciones "falsables", el ámbito sagrado se fundamenta exclusivamente en la experiencia individual y, por tanto, no verificable. Para el ámbito de lo sagrado la experiencia del individuo es el fundamento de toda la realidad, que por sus propias características sólo puede ser unilateral, subjetiva y no puede ser sometida a comprobación, salvo en aquellos casos en que para contrastarla se acuda a la experiencia o a la razón. Es el dominio de la revelación, del acceso a una supuesta verdad sin conexión inmediata con la realidad temporal, es el ámbito de la "fe". En los casos más extremos, aquellos en los que el desapego de la naturaleza alcanza su máxima expresión, lo sagrado suele enrocarse sobre sí mismo para declararse como único ámbito legítimo de lo real, para rechazar taxativamente el mundo profano, que pasa a convertirse entonces en el mundo de las apariencias, de las sombras, de la supuesta falacia. Sin embargo, para sobrevivir, esta visión idealista de lo sobrenatural jamás puede prescindir por completo de la experiencia, siempre necesita un grado u otro de conexión a ella, para justificar su permanencia "en ella".

Las bases del pensamiento ateo son por tanto las propias de lo que podríamos denominar el ámbito de lo profano, de la realidad mundana, es decir la experiencia sensorial y la interpretación de los datos obtenidos de nuestra interacción con el mundo. La información obtenida así será siempre provisional, pero también coherente y sólida, contrastable, ya que la razón es extremadamente cautelosa en su tarea hasta el punto de que niega cualquier pretensión de validez a aquello que no pueda ser verificado por ninguna otra vía, y además comprueba sus afirmaciones por medio de la eficacia. Esta fundamentación más o menos consciente o elaborada se halla en la base de cualquier modelo de comprensión de la realidad ajeno al ámbito de lo sagrado. Todas las formas de ateísmo comparten estos elementos comunes imprescindibles para el rechazo de la trascendencia.

Pero falta todavía un elemento más, quizás el más significativo. La construcción de un modelo completamente profano para la interpretación de la realidad deriva del análisis racional de los datos experimentados por el individuo y de su posterior debate, de la argumentación, y exige por tanto que se dé una última condición: la aceptación de que para aproximarse a la realidad es necesaria la ausencia de impedimentos que coarten o condicionen el resultado de nuestras investigaciones, la existencia innegociable de la libertad de pensamiento. El ateísmo es la conclusión de un proceso de libre ejercicio de las capacidades humanas que puede comportar errores, y por ello debe aceptar la continua revisión de sus postulados con el objetivo final de alcanzar el mayor grado de certeza posible, eliminando o reduciendo al mínimo cualquier posibilidad de duda. No es ajeno a este proceso la aplicación sistemática de la llamada *navaja de Occam*, del principio que propone no multiplicar innecesariamente las causas para explicar los fenómenos, por ello podemos afirmar que el ateísmo, salvo incoherencias que apelen a un salto en el vacío análogo al que supone el paso de lo profano a lo sagrado, es necesariamente siempre *a posteriori*. Cualquier afirmación efectuada *a priori* actuaría desde un pre-juicio, desde un salto sin justificación análogo al que emplea el creyente para legitimar el tránsito del ámbito de lo profano a lo sagrado.

Este requisito imprescindible para dilucidar la naturaleza del ateísmo no siempre es comprendido correctamente desde el ámbito de la religiosidad. Con frecuencia desde la fe se intenta equiparar el ateísmo con una forma de creencia particular, cualitativamente similar a la que se deriva de la creencia religiosa o de la fe en dios.

El que no cree se entregaría a la religión de la no creencia, de la negación. Planteado de esta guisa el ateísmo pierde su verdadera fuerza, pues queda diluido en una especie de contradicción donde niega aquello de lo cual supuestamente participa, es decir, sería una religión con una misma fe, pero incapaz de vislumbrar la luz positiva que transmite el conocimiento de la realidad última, Dios. Desde esta perspectiva el ateísmo adolecería de los mismos defectos e inconvenientes de la religión, pero con algunos agravantes, pues tendría como objeto de su creencia la negación, la oscuridad. No es preciso aclarar que esta tesis carece totalmente de fundamento. La naturaleza del ateísmo es precisamente la ausencia de dogmas, de creencias, de verdades definitivas, de certidumbres incuestionables.

El ateísmo no puede por tanto interpretarse como un principio, una fe revelada, el descubrimiento de una realidad subjetiva indiscutible, sino más bien como un final de trayecto. El ateísmo no puede ser jamás *a priori* porque de lo contrario estaría proponiendo efectivamente una fe idéntica a la que transmiten las religiones. El ateísmo, para ser coherente como modelo ideológico debe ser inexorablemente *a posteriori*, o sea conclusión de un proceso de reflexión íntima, individual, exhaustiva, permanente, que concluye en la improbabilidad de una presencia divina entre nosotros, de la ausencia de la necesidad espiritual para explicar o comprender la realidad del mundo en que vivimos, de la inutilidad de la trascendencia para fundar una moral o una ética que ordene y rija el comportamiento humano. La provisionalidad forma parte intrínseca de la esencia misma del ateísmo.

La naturaleza del ateísmo requiere de forma inexorable de la libertad para no precipitarse en el dominio de la revelación, libertad para poner en práctica la capacidad humana de conocer, de explorar la información a su alcance hasta las últimas consecuencias y de extraer sus conclusiones sin cortapisas ni moldes preestablecidos que condicionen los resultados, para no caer en el dogma, la creencia, la revelación. El ateísmo para florecer precisa inevitablemente de la libertad de pensamiento y, por tanto, de la libertad de conciencia.

2. ATEÍSMO Y LIBERTAD DE CONCIENCIA

El ateísmo es resultado de un proceso que parte de la libertad de pensamiento para con-formar, es decir para dar forma a una convicción siempre provisional sobre la naturaleza de la realidad. La libertad de pensamiento es por tanto un atributo esencial del pensamiento ateo, hasta el punto de que no es posible desarrollar una noción verdaderamente profana del mundo sin tener en consideración esta circunstancia. Parece pues prudente detenernos a examinar el significado exacto de este concepto.

La libertad de pensamiento puede abordarse desde una doble vertiente, como la capacidad del sujeto de percibir y definir su propia realidad o bien como la posibilidad de desarrollar dicha capacidad dentro del ámbito social. En el primer caso el ejercicio de la libertad de pensamiento depende fundamentalmente del propio individuo, aunque también puede venir condicionada por factores externos; en el segundo caso suele estar regulada por factores completamente ajenos a la voluntad del individuo o sobre los cuales él puede incidir sólo muy indirectamente. En este contexto la libertad de conciencia no difiere sustancialmente de la libertad de pensar, en todo caso se asocia más bien al modelo ideológico o a la identidad moral del sujeto, a la capacidad de construir o de adoptar la ideología, creencia o religión que mejor se adecue a cada comprensión de la realidad.

Podemos considerar que los factores "internos" que limitan la libertad de conciencia del individuo forman parte de su esfera de privacidad y por tanto no competen a una prospección de orden sociológico, no es cierto que esto sea tan sencillo, porque detrás de los posibles factores internos suelen subyacer influencias "externas" de índole más sutil, muchas veces incluso inconsciente. Los *idola* o prejuicios que Francis Bacon describiera en su *Novum Organum* ya en el siglo XVII formarían parte de esta categoría, pero hay ejemplos tanto o más evidentes, como la influencia de la educación en la construcción de la conciencia.

Los factores externos, de índole social o provocados por la relación con otros individuos constituyen el factor principal que puede impedir la normal expresión de la libertad de pensamiento, ya que para ejercerla plenamente deben confluir, o sea fluir unidas, libremente, dos circunstancias indispensables, la ausencia de artificios externos conducentes a alterar la libre percepción del individuo o a distorsionar su interpretación de la realidad, y la ausencia de impedimentos físicos o normativos que coarten su capacidad o que limiten coercitivamente la acción de su voluntad. En ambos casos la posibilidad de coacciones externas viene determinada por la intervención del poder político, bien por tratarse de la fuente misma de las coacciones, como sucede al impedir la pluralidad para garantizar la continuidad de una facción gobernante, o por omisión, cuando tolera una acción coercitiva o actúa en connivencia con los responsables de ella, que es lo que ocurre habitualmente bajo los regímenes de corte clerical. El resultado en ambos casos es el mismo, la libertad de conciencia del individuo es escamoteada por los mecanismos de poder en beneficio de otros intereses, generalmente de un colectivo determinado.

Esto explica por qué la libertad de conciencia en el seno de las sociedades no ha sido una constante a lo largo de la historia, sino más bien, y hasta épocas recientes, podemos afirmar que ha sido casi una excepción. La libertad de pensar comporta la posibilidad de cuestionar las verdades aceptadas y el orden social establecido, y ello ha sido y es un motivo de incertidumbre para aquellos que detentan los mecanismos de poder en la sociedad, que temen perder sus privilegios.

Durkheim ya aventuró que una de las principales funciones de la religión era mantener la cohesión social. Esta es una característica propia de las sociedades menos evolucionadas, en las cuales la continuidad del grupo pasa por mantener un alto nivel de homogeneidad interna que permita hacer frente con garantías a cualquier amenaza procedente del exterior. La libertad del individuo queda entonces supeditada al interés de la comunidad y la religión (cuyo significado original procede del término *re-ligare*, es decir unir, atar) se revela como el factor aglutinador en torno al cual se articula la experiencia individual. Posiblemente esta circunstancia ha permitido en el pasado cohesionar a los grupos humanos y ha sido un factor decisivo de éxito en su lucha por la supervivencia.

La religión ha actuado con frecuencia como legitimadora del poder político, que a su vez ha hallado en ella el aliado ideal donde sustentar su principio de autoridad. El gobernante es investido de su poder por medio de un vínculo sagrado, indiscutible, por la intervención de la autoridad religiosa en calidad de interlocutor con lo sobrenatural. El gobernante a su vez actúa como protector y garante del poder religioso, representado por el brujo, el chamán o la institución eclesiástica correspondiente, estableciéndose una relación de simbiosis que permite preservar el orden y la estabilidad social, pero que también conlleva inexorablemente la imbricación entre poder político y poder religioso, y la supresión de cualquier atisbo de libertad que pudiera provocar una brecha en la cohesión del sistema. Aparece la "clericalización" de la sociedad y la proscripción de la heterodoxia. Esta función puede haber sido crucial en momentos en los cuales no existía otra fuente de legitimación del poder. La desunión ha conducido frecuentemente al colapso de toda la comunidad.

La quiebra de un sistema tan estable sólo puede producirse cuando la cohesión social pierde importancia frente a otras cuestiones más acuciantes, bien porque en la práctica deje de existir una auténtica cohesión social entre los miembros de la comunidad, con lo que la ruptura no supone un inconveniente especial frente a las expectativas de algún colectivo, o bien porque los peligros subyacentes superen el riesgo de una posible fractura social. Esto es lo que sucede cuando los intereses del poder y las necesidades de la comunidad, o de un sector importante de ella, se distancian de forma efectiva y evidente. Entonces empiezan a cuestionarse los intereses políticos y temporales de los grupos que detentan el poder, y tanto la función aglutinadora como el mensaje legitimador de la religión se relativizan. Aparecen los primeros síntomas de disgregación en forma de colectivos que pretenden reformar el modelo social poniendo en duda los elementos legitimadores del sistema que deja de ofrecer respuestas a los problemas reales de sus miembros. De forma progresiva éstos dejan de confiar en un modelo que no satisface sus reivindicaciones y empiezan a ejercer su libertad de pensamiento, cuestionando lo que siempre se había dado por supuesto y exigiendo un grado mayor de libertad en todos los órdenes, incluyendo la conciencia.

Así, la libertad de conciencia no surge generalmente de manera espontánea, sino como consecuencia de la ruptura de un modelo social en el cual política y religión van unidas de la mano. En las sociedades tradicionales la crisis del poder político arrastra irremisiblemente al poder religioso en el cual se sustenta y ambos a su vez tratan de amoldarse a la nueva situación para sobrevivir. Normalmente el poder religioso dispone de un mayor margen de adaptación porque el objetivo inmediato de las demandas sociales en tiempos de crisis acostumbra a ser de tipo político, que se asocia más directamente a las necesidades primarias de los individuos. Además, ante un cambio importante de la situación política la religión siempre puede resultar útil para legitimar el nuevo poder emergente y garantizar un vínculo con la tradición. Sólo en rupturas de corte radical, revolucionario, se prescinde totalmente del elemento religioso para legitimar el nuevo orden, aunque más tarde o más temprano suele recurrirse de nuevo a ella o bien a otros elementos sustitutivos para efectuar la misma tarea.

3. ATEÍSMO Y ANTICLERICALISMO

En nuestra tradición, la que de un modo genérico solemos denominar, quizás ambiguamente, cultura o civilización occidental, la libertad individual y la noción de libertad de conciencia son conceptos relativamente modernos. Ya en la Antigüedad clásica existió una cierta noción de individualidad autónoma, no al margen de la comunidad ni desgajada de ella, sino formando parte de ella, aunque conservando su esencia individual. Esta conciencia individual es la que permitió la emergencia de la razón y la superación del mito arcaico, dando origen al nacimiento de la filosofía tal como la entendemos en la actualidad. No es casual que en ese momento apareciesen las primeras teorías materialistas y las primeras críticas sistemáticas a la naturaleza de la religión y al concepto mismo de dios, en cierto modo las primeras manifestaciones de un ateísmo primitivo. Sin embargo, la irrupción en escena del cristianismo, el colapso del Imperio romano y, sobretodo a partir del siglo IV, la identificación entre poder político y religioso con la proclamación por Constantino del Edicto de Milán y la subsiguiente conversión del cristianismo en religión del Imperio, dieron al traste con esta emergente noción de individualidad, que fue reemplazada por la primacía de la obediencia a la autoridad y estableció las bases de una cultura cristiana que se prolongará por lo menos hasta la Ilustración.

Durante siglos el poder temporal representado por el Emperador estará legitimado por la Sacra Iglesia Católica Apostólica y Romana, con el Sumo Pontífice instalado en el vértice de una pirámide funcionarial fuertemente jerarquizada que tendrá como objetivo declarado "cristianizar" la sociedad, instaurar la doctrina cristiana en todos los rincones del Imperio, pero que en realidad primará los intereses temporales de la Iglesia por encima de los de orden espiritual. Todas las tentativas emprendidas desde la propia institución para reformar sus estructuras y recuperar el mensaje evangélico original serán neutralizadas, bien por asimilación, como sucedió con determinados movimientos como el franciscano, no sin fuertes disputas, o por eliminación, como en el caso de los cátaros y otros grupos declarados herejes. No será hasta el siglo XVI, cuando las tensiones políticas en el centro y norte de Europa junto con las presiones de la incipiente burguesía por adaptar la religión a los nuevos tiempos alcancen niveles insostenibles, que la llamada de Lutero a recuperar el origen evangélico del cristianismo y la reivindicación de la propia conciencia para lograr la "salvación" al margen de las obras encontrará el caldo de cultivo adecuado para prosperar. En ese momento la figura del individuo empezará a recobrar parte de su valor perdido.

La separación entre realidad terrenal y realidad sobrenatural que establece la doctrina protestante de los dos reinos, presente ya en cierta medida en la teoría agustiniana de las dos ciudades, abre un abismo infranqueable entre la cotidianidad del poder político, la naturaleza mundana e impura del ámbito natural, y la sacralidad del ámbito espiritual, sólo accesible desde la fe. Esta radical dualidad posibilita por vez primera la separación efectiva entre las competencias del Estado y de la Iglesia al determinar que ambos son dominios independientes, antagónicos, y permite recuperar la autonomía personal al remitir a la propia conciencia y, en última instancia, a la "gracia" para lograr la salvación de las almas, rechazando toda facultad de mediación de la institución religiosa. La autoridad política no posee ningún poder ni tiene capacidad de mediar en los asuntos de la fe ni de la salvación, por el contrario la autoridad religiosa no tiene potestad para intervenir sobre los asuntos de la vida civil. Este doble componente de oposición a la tradición y de defensa de la autonomía del individuo será el punto de partida para la formulación de un nuevo concepto de conciencia individual que caracterizará el pensamiento moderno.

En los estados que permanecieron dentro de la esfera del catolicismo romano esta evolución se detuvo por completo. La contrarreforma desencadenada para impedir el avance del protestantismo cerró cualquier posibilidad de renovación gradual y llevó a la institución eclesiástica a enquistarse. La imbricación con el poder político llega a su máxima expresión con la inquisición, provocando la "clericalización" absoluta de la vida civil. El poder religioso representado por la Iglesia católica se funde con el Estado y sólo podrá ser desalojado de su condición de forma violenta. Las revoluciones de los siglos XVIII y XIX impulsadas por los movimientos ilustrados y liberales rechazan la legitimidad religiosa del poder y promueven un nuevo orden social fundamentado en la democracia y el reconocimiento de los derechos individuales de los ciudadanos, con la libertad de conciencia en lugar preferente.

La lucha entre clericalismo y anticlericalismo es fruto de una época en que se enfrentan dos concepciones del mundo, una que lucha por salir a flote y otra que se resiste a ser barrida por la historia. El clericalismo, entendido como modelo de estado confesional, se fundamenta en un esquema social donde no puede, no debe, existir la libertad individual, en especial la libertad de conciencia y, en consecuencia, tampoco el espíritu crítico, aquel que puede poner en cuestión las razones que están "más allá de la razón" que la institución clerical se encarga de administrar. En nuestra historia reciente esta confrontación entre sectores clericales y anticlericales ha alcanzado en determinados momentos un nivel de crispación sin parangón. Son de sobras conocidos los enfrentamientos entre liberales y carlistas durante el siglo XIX o los dramáticos episodios acaecidos durante la Guerra Civil española. Sin embargo, dichos acontecimientos deben ser hoy examinados no como resultado de un enfrentamiento entre dos modelos antagónicos en su interpretación del fenómeno religioso, sino justamente como una auténtica guerra de las nuevas clases emergentes por superar un antiguo régimen defendido por aquellos que se resisten a perder unos privilegios basados en una estructura social anclada en el pasado.

En este sentido es fundamental establecer una diferencia clara entre religión y clericalismo, así como también lo es distinguir entre ateísmo y anticlericalismo, ya que aunque dichos términos beben de fuentes comunes y se nutren de elementos afines poseen matices claramente diferenciados que en ocasiones se ocultan para desvirtuar la verdadera naturaleza del conflicto. Así como por religiosidad entendemos la interpretación de la realidad desde una perspectiva trascendente, que propone la separación de un ámbito sagrado ajeno a otro ámbito que definiríamos como profano, el ateísmo sostiene la ausencia de razones objetivas ni consistentes para considerar la trascendencia, la existencia de un ámbito sagrado más allá de la realidad material, ajeno al profano que, por pura eliminación, abarcaría todo lo que podemos designar como "realidad".

Los términos clericalismo y anticlericalismo hacen referencia en cambio a la relación de la religión o de la ideología con el poder civil. El clericalismo se fundamenta en la convicción de que los dogmas constituyen la única "verdad" indiscutible, y en la suposición de que el aparato religioso está legitimado para gozar del derecho a participar y disponer del poder temporal con el fin de extender su creencia al conjunto de la sociedad, por encima de las opiniones privadas de los individuos. Esta convicción puede incluso convertirse para el creyente en una obligación moral, ya que para el clericalismo todo se reduce a una lucha entre el bien y el mal, entre la verdad y la oscuridad. El anticlericalismo aparece como reacción al clericalismo, y sin la existencia de éste no tendría razón de ser. El anticlericalismo es un movimiento de amplio espectro, no específicamente ateo, pues incorpora también a sectores indiferentes y a otros profundamente religiosos, que rechaza la pretensión clerical de control social para imponer sus postulados a todos los miembros de la comunidad, por encima de sus propias conciencias.

Religión y ateísmo parten de un elemento irreconciliable que es la existencia de una verdad innegable que no admite espacio para la discusión, frente a una concepción del mundo que se fundamenta en la libertad de conciencia individual. Es cierto que el ateísmo suele considerar la religión como una fuente importante de opresión y de oscurantismo, y que mediante la difusión del conocimiento aspira a revelar su auténtica naturaleza y a desenmascarar las verdaderas finalidades de las instituciones que le proporcionan cobertura. Ello es consecuencia de su cosmovisión radicalmente alejada de la religión, y a causa de ello sus defensores en ocasiones han caído en la tentación de querer emancipar a sus semejantes de forma similar a como han hecho los creyentes de forma secular para extender su mensaje salvífico, pero por lo general esa actitud antirreligiosa que se atribuye al ateísmo suele ser resultado más de una reacción anticlerical de defensa frente al poder de las instituciones religiosas que a una razón ideológica profunda, o a una argumentación fundamentada desde un punto de vista racional.

Nuestra historia es prolija en episodios donde clericalismo y anticlericalismo se han enzarzado en luchas virulentas como contrapunto a determinadas opciones políticas, pero también es importante precisar que ateísmo y anticlericalismo no tienen por qué ser necesariamente antirreligiosos, ya que no cuestionan la legitimidad de una visión trascendente de la existencia, sino de la apropiación del ámbito político para imponer los intereses particulares de una confesión religiosa determinada. No podemos olvidar aquí que determinadas opciones religiosas como el protestantismo han defendido actitudes radicalmente anticlericales, aunque más tarde han sucumbido a los encantos del clericalismo, y que otras tradiciones más alejadas de nosotros, como el hinduismo, han renunciado por completo a crear estructuras de poder temporal, aunque después también éste las ha utilizado en su provecho para legitimar su condición.

Para comprender el rechazo de las instituciones religiosas a la difusión del pensamiento ateo es imprescindible tener presente que éste postula como tesis única la ausencia de dimensión espiritual de la realidad, negando de esta forma la razón de ser de la religión desde un punto de vista teórico o conceptual, pero por encima de todo suprimiendo la necesidad de un colectivo que sirva de puente entre el objeto de la creencia —dios, el absoluto, la trascendencia, la unidad, el nirvana...— y ese mundo natural donde el hombre desarrolla su actividad cotidiana. Es por tanto lógico que el ateísmo provoque la desconfianza y la aversión de los profesionales de lo sagrado, que ven cuestionado el objeto de su creencia, pero sobretodo el de su papel de mediadores con la divinidad, de su propia razón de ser y, en definitiva, de su función dentro de la estructura social. Esta es la causa profunda de la desconfianza de las instituciones religiosas hacia el ateísmo, su necesario posicionamiento anticlerical entendido como la oposición rotunda a permitir la intromisión del poder religioso en la esfera de lo público y a apoderarse de los mecanismos del Estado para imponer una ideología particular al conjunto de la sociedad.

El mantenimiento hasta nuestros días de la imagen antirreligiosa del ateísmo dentro de la cultura occidental probablemente responde más a una deformación interesada que a un hecho real, provocada por la lógica aversión que indefectiblemente genera en las instituciones religiosas la existencia de un pensamiento ateo articulado y organizado socialmente, con un mensaje que contradice de raíz la veracidad del discurso religioso, especialmente cuando éste se combina con veleidades de poder secular al margen del mensaje espiritual, pero sobretodo profundamente anticlerical, defensor de la absoluta y escrupulosa separación entre Estado e Iglesia y partidario de la libertad de conciencia en igualdad de condiciones para todos los ciudadanos. No es extraño que en nuestra cultura sólo pueda producirse el resurgimiento de un verdadero pensamiento ateo cuando se consolida la libertad de conciencia como valor de referencia en la sociedad. El ateísmo moderno aparece durante la quiebra del Estado confesional. El ateísmo como podemos entenderlo hoy nace como resultado de un proceso de crítica racional que no halla fundamento para legitimar la existencia de Dios, y que por tanto tampoco encuentra ninguna razón para mantener la imposición del poder temporal de la Iglesia ni del soberano sobre los hombres libres.

4. ATEÍSMO Y LAICIDAD

La necesidad de garantizar un marco social y político que permita el desarrollo de la libertad de conciencia es un requisito indispensable para cualquier sistema ideológico que pretenda acercarse al conocimiento sin precipitarse en el dogmatismo. El ateísmo se caracteriza por no reconocer el dogma como base de ninguna fundamentación. No hay una verdad única, aunque yo lógicamente contemple la mía como la más plausible, pero no puedo imponerla a otros porque debo aceptar la provisionalidad permanente de mis conclusiones y, en cualquier caso, respetar la validez privada de cualquier elección. La antítesis entre religión y ateísmo se pone de manifiesto en tanto que uno es expresión del dogmatismo frente al otro, constituido por el relativismo ideológico en torno al concepto de la trascendencia. La dificultad para la coexistencia de ambas cosmovisiones no estriba en su radical oposición en la forma de entender la realidad, sino en la suma facilidad con que el dogmatismo, de cualquier índole, tiende a transformar su opinión particular en una misión universal que debe sobreponerse a las demás. El dogmatismo por lo general no aspira sencillamente a vivir su proyecto, pretende instaurarlo en el mundo, imponerlo a toda la sociedad, induce a la "clericalización" de la vida política y social.

Para el dogmatismo existe una realidad última, superior a la mundana, que es la "única" verdadera, de la cual esta vida es tan solo una sombra, un tránsito necesario que es preciso superar para acceder a la existencia real, el reino de Dios. Esta revelación tiene una consecuencia intrínseca: ante la "verdad" la libertad sólo tiene valor si sirve para reafirmarla, es la filosofía que la Iglesia católica mantuvo de forma generalizada durante los siglos XVIII y XIX como respuesta a los esfuerzos de la Ilustración y del liberalismo por apartar a las instituciones religiosas del poder político. *El liberalismo es pecado*, escribiría aún en 1884 el sacerdote integrista catalán Félix Sardà i Salvany, dentro de esa peculiar "cruzada" de la Iglesia contra la modernidad, en un libro que gozó de gran popularidad en su época. Ante la "verdad" no es respetable la "libertad" y por eso no caben el pluralismo ni la democracia. Sólo aquello que conduce a la voluntad de Dios, es decir "mi" voluntad, puede tener validez. Es la tesis que la Iglesia más reaccionaria defenderá de forma explícita hasta el Concilio Vaticano II y, aun sin reconocerlo, sigue sosteniendo todavía hoy sobre multitud de cuestiones.

Para el integrismo no existe la libertad personal, no existe la responsabilidad, no existe la capacidad de análisis crítico, sólo existe una verdad que hay que reconocer, un dogma que hay que seguir, una autoridad a la que obedecer, un camino que conduce a la salvación. Es la doctrina implícita en la sentencia *extra ecclesia nulla salus* —fuera de la Iglesia no hay salvación—, el que se aparte del redil, el que se atreva a cuestionar la autoridad o el dogma, será condenado por los siglos de los siglos. La cuestión es bien sencilla, aquél que se considera investido en alguna medida de la autoridad divina, aquél cuya opinión tiene "más" valor porque no procede de la libertad individual ni de la igualdad, que está por encima de todos porque representa en la tierra la voluntad de Dios o, no nos confundamos, de cualquier otra esencia capaz de trascender al individuo, aquél que conoce la "verdad", se arroga la autoridad para sobreponer sus intuiciones a las mías. Esta tendencia ha llevado siempre a las religiones organizadas y a todo tipo de ideologías — no sería honesto omitir aquí el supuesto "ateísmo" de algunos regímenes dictatoriales— a acercarse al poder político para imponer sus doctrinas y defender sus intereses, es decir a "clericalizar" la sociedad.

La necesidad de construir un modelo de organización social capaz de garantizar la libertad de conciencia de todos los ciudadanos y de mantener el ámbito de las opiniones dentro del marco estricto de la individualidad, aun cuando puedan tener una legítima dimensión colectiva, se hace por lo tanto imprescindible para no caer en las garras del dogmatismo. Este modelo es el que denominamos laicidad, entendiendo por laicidad no la imposición de un modelo de pensamiento ateo ni de un anticlericalismo radical que coarte la manifestación social de la religiosidad, sino la exigencia de una escrupulosa voluntad de preservar el espacio público frente a la apropiación ilegítima del mismo que postula, de forma explícita o solapada, la ideología clerical. En este contexto laicidad sería sinónimo de anticlericalismo, es decir de oposición a la identificación del poder político con cualquier ideología, sea de corte político o religioso, ateo o clerical. Laicidad es la garantía de libertad para todos los ciudadanos a profesar sus propias convicciones, sean cuales sean, siempre que éstas sean respetuosas con todos los demás individuos y con sus derechos. La laicidad es la única alternativa a la organización clerical y autocrática de la sociedad. En un sentido amplio el concepto de laicidad debe enfrentarse a cualquier forma de comunitarismo dogmático, sea étnico, racial, geográfico, social, político o simplemente circunstancial.

El respeto a la libertad de conciencia conlleva la obligación de considerar la sociedad como el marco de interacción entre individuos con voluntades libres, y ello sólo puede llevarse a cabo plenamente en el ámbito de una sociedad laica, plural y democrática. La pluralidad deriva de la aceptación de la libertad de conciencia y de la igualdad de derechos, y es un eficaz instrumento para ordenar las relaciones sociales entre individuos con ideas diferentes pero igualmente legítimas. Para ello el único requisito necesario debe ser el reconocimiento de la tolerancia entendida como "respeto" a la diferencia, como aceptación del hecho diferencial que además de ser plenamente legítimo debe contribuir a enriquecer el debate social, no como algo que hay que "sufrir" para hacer soportable la convivencia. Para lograr una sociedad verdaderamente plural es preciso potenciar el sentido de cooperación desde la discrepancia frente a la estrategia de confrontación encaminada a servirse de la tolerancia para imponer la hegemonía de la intransigencia. La pluralidad debe concebirse como colaboración que permita incluir a todos con sus peculiaridades y que les ayude a progresar juntos sin exclusiones, pese a sus divergencias, en beneficio de toda la colectividad.

La laicidad supone la autonomía del poder público frente al control de los comunitarismos dogmáticos. Propone el pluralismo y la democracia como base de la sociedad moderna frente al uniformismo y el confesionalismo, defiende al individuo, al hombre libre y responsable, frente al grupo excluyente en el cual el valor del individuo queda supeditado al interés del colectivo, como si el "colectivo" fuese una entidad con esencia propia que gozase de voluntad al margen de sus integrantes. La democracia sin laicidad,

entendida en toda su expresión, es inconcebible, porque el término democracia no supone la imposición sobre las minorías de la
concepción ideológica de las mayorías, sino la creación de un
marco que permita regular la convivencia social respetando al
máximo las ideas de todos los individuos, e interviniendo sólo para
indicar las pautas de comportamiento y de relación en aquellos
casos en que sea estrictamente necesario para garantizar el buen
funcionamiento de la colectividad en su conjunto, pero reconociendo la autonomía del individuo en todas aquellas cuestiones que
no sea imprescindible regular. La laicidad en este sentido no se
opone a ninguna concepción ideológica, pero tampoco prima a
ninguna. No es contraria a la religión ni a la presencia de las Iglesias,
por citar un ejemplo, pero tampoco puede serlo hacia el ateísmo. Sí
debe en cambio ser contraria al clericalismo entendido como el
intento de apropiación de la realidad social por parte de un colectivo —religioso o no religioso— y de invasión del espacio público, del
Estado, por parte de una confesión religiosa o de una ideología
determinada, como voluntad de imponer el uniformismo dogmático frente al pluralismo democrático, la confesionalidad de cualquier signo frente a la libertad.

Existe una contradicción difícil de conciliar entre el planteamiento de una sociedad plural, laica y democrática, y la fundamentación cerrada, unilateral y dogmática de las ideologías comunitaristas.
En el caso de la Iglesia católica el planteamiento de un sistema
carente de democracia interna, totalmente oligárquico y teocrático,
difícilmente puede reconocerse en los ideales democráticos de
la laicidad. La aceptación de la democracia a regañadientes por la
Iglesia es un fenómeno reciente, por no decir testimonial. No
puede ser de otro modo en una organización que considera procedente de Dios todo su poder y legitimidad. Sólo desde esta perspectiva puede comprenderse cómo la Iglesia aun se atreve en nuestros
días a censurar a aquellos que no reconocen su autoridad moral ni

legal. La Iglesia tiene todo el derecho a pronunciarse sobre las cuestiones que afecten a la sociedad, pero no a imponer sus opiniones morales sobre aquellos asuntos que competen a los individuos más allá de una evidente incidencia social. No puede limitar el derecho de los ciudadanos que no comparten su concepción del mundo, ni de aquellos que sí la comparten fuera de la pura recomendación moral. ¿Por qué inexplicable razón un ateo o un no creyente deberían supeditar su comportamiento moral sobre una cuestión que afecta tan sólo a su conciencia, a las preferencias de cualquier confesión religiosa? Es la asunción de esta realidad la que dificulta la integración de la Iglesia en la sociedad actual. No es el mensaje religioso o espiritual el que resulta incompatible con la laicidad y la democracia, es la dificultad para discriminar el ámbito de competencias del individuo. La existencia misma de un "Estado" Vaticano es una pantomima que recoge en toda su magnitud esta misma contradicción. La Santa Sede no puede ser otra cosa que un Estado "confesional", o sea por definición antidemocrático.

Sin embargo, una sociedad verdaderamente laica no puede olvidar la realidad social en la que se halla inmersa y por ello no debería oponerse activamente a ninguna ideología que reconozca y respete los derechos y las libertades de todos los ciudadanos. Esto supone también contemplar la posibilidad de cooperación con las organizaciones ideológicas, religiosas o no, que forman parte de su tejido social. Pero esta posibilidad tampoco tiene que llevarnos a confusión, la cooperación del Estado en ningún caso debería concederse a organizaciones en base a su condición ideológica, es decir, por el simple motivo de representar una determinada interpretación cosmológica de la realidad, ya que ello supondría introducir un principio de discriminación positiva inaceptable. Para un Estado laico la única colaboración posible con organizaciones ideológicas debería establecerse con el fin de contribuir de forma directa al bienestar de toda la comunidad.

Para ser compatible con los principios de un Estado laico y democrático esta posibilidad de cooperación en primer lugar debería efectuarse desde la neutralidad y la prudencia, y a continuación tendría que basarse en criterios claramente objetivos establecidos sólo en función de los intereses del Estado, entendidos como intereses del conjunto de los ciudadanos, realizando una valoración precisa de los programas y de la actividad desarrollada por las distintas organizaciones, con un meticuloso seguimiento de las inversiones y de los resultados obtenidos. Siempre en condiciones de igualdad con el procedimiento seguido para otras actuaciones de índole similar, y sin caer en la negligencia de transferir a estas organizaciones la responsabilidad final del Estado en los campos de actividad que formen parte de sus obligaciones para con los ciudadanos. Asimismo, es importante que existan los mecanismos adecuados para evitar que pueda producirse una posible discriminación en la adjudicación de recursos en función de la ideología, y que la utilización de estos recursos pueda destinarse a favorecer la práctica del proselitismo entre los usuarios finales de las prestaciones. Por último y fundamental, es imprescindible prevenir la posibilidad de que los recursos del Estado puedan ser utilizados para la financiación de las propias organizaciones.

5. SITUACIÓN ACTUAL DE LA LAICIDAD EN ESPAÑA

Según el texto constitucional nuestro país se configura claramente como un Estado "no confesional" o, por decirlo de otro modo, "aconfesional", es decir sin confesión oficial. Los artículos 14 "Los españoles son iguales ante la ley, sin que pueda prevalecer discriminación alguna por razón de nacimiento, raza, sexo, religión, opinión o cualquier otra condición o circunstancia personal o social"; y 16.1 "se garantiza la libertad ideológica, religiosa y de culto de los individuos y las comunidades sin más limitación, en sus manifestaciones, que la necesaria para el mantenimiento del orden público protegido por la ley"; 16.2 "nadie podrá ser obligado a declarar sobre su ideología, religión o creencias"; y el primer párrafo del 16.3 "ninguna confesión tendrá carácter estatal", establecen de forma inequívoca esta condición.

Sin embargo, el párrafo segundo del artículo 16.3 "Los poderes públicos tendrán en cuenta las creencias religiosas de la sociedad española y mantendrán las consiguientes relaciones de cooperación con la Iglesia Católica y las demás confesiones", introduce la necesidad de recoger la sensibilidad de los ciudadanos ante el fenómeno religioso —o por extensión no religioso—, con lo que determina definitivamente el carácter no confesional en vez de laico del Estado. En lo sustancial este modelo de aconfesionalidad no difiere del que supondría un Estado plenamente laico, con la única salvedad de que, como sucede en el modelo de laicismo francés, el Estado allí considera las creencias no como parte de su patrimonio social, sino como un asunto exclusivamente privado de los ciudadanos en el cual no le corresponde inmiscuirse, excepto para garantizar el respeto a la legalidad. De todas formas y aún introduciendo ese desequilibrio puede parecer razonable pensar que el Estado deba preocuparse por las inquietudes de cualquier colectivo social, no sólo de los grupos mayoritarios, siempre que sus demandas sean comedidas y no supongan la prevalencia de intereses particulares por encima de los del resto de los ciudadanos. Esto en principio es aplicable a organizaciones de cualquier naturaleza y por tanto tampoco debería existir razón alguna para excluir a las de orden ideológico.

En este sentido no parece fuera de lugar que el Estado contemple la existencia del fenómeno religioso y mantenga relaciones de cooperación con los colectivos sociales que lo representan, siempre que ello se circunscriba en un marco compatible con la aconfesionalidad de la Carta Magna, sea regulado dentro de la legislación estatal, no en forma de obligaciones internacionales entre estados —ya que se trata de un asunto que compete sólo a los ciudadanos del propio Estado—, y sea interpretado como parte de la ética privada de un conjunto de individuos determinados, sin favorecerlos ni perjudicarlos intencionadamente. La afirmación de que "ninguna confesión tendrá carácter estatal" llevada a su máxima expresión debería garantizar que en efecto ello fuese así, pero la realidad es que la actuación de los poderes públicos en nuestro país desde la aprobación de la Constitución en 1978 ha desequilibrado vergonzosamente la balanza, favoreciendo el desarrollo selectivo del párrafo segundo del artículo 16.3 de la Constitución, que da preeminencia a la cooperación con las confesiones religiosas, hasta poner seriamente en entredicho el respeto a la neutralidad ideológica del Estado. El mero hecho de que la Constitución reconozca e indique por su nombre a una única organización religiosa ya suponía en origen una discriminación difícil de justificar hacia el resto de la sociedad y representaba un presagio de lo que podía llegar a suceder, pero el posterior desarrollo de la legislación orgánica estatal ha trastocado definitivamente el principio de neutralidad, pervirtiendo el espíritu que la propia Constitución establece en materia de ideología, religión y creencias, y conduciendo a nuestro país a una situación más próxima a la de un Estado confesional que no a la de un Estado aconfesional o laico, respetuoso con la libertad de conciencia y compatible con un régimen democrático.

La firma de los Acuerdos entre el Estado español y la Santa Sede, el primero en julio de 1976 —y por tanto previo a la Constitución—, y los cuatro restantes en enero de 1979, justo después del plebiscito constitucional, negociados apresuradamente en secreto con el único objetivo de salvaguardar el estatuto de privilegio de la Iglesia católica y de evitar su boicot a la transición democrática, supusieron la revisión, que no la revocación, del Concordato firmado en el año 1953 en pleno régimen franquista. El desarrollo de estos acuerdos supone en la práctica una clara violación de los principios constitucionales, ya que legitiman mediante tratados internacionales una serie de principios absolutamente discriminatorios que suponen la consolidación de un régimen plenamente confesional en nuestro país. La posterior aprobación en 1980 de la Ley Orgánica de Libertad Religiosa —con el olvido cabe suponer que intencionado de la libertad ideológica y de creencias, recogidas al mismo nivel que la religiosa en la Constitución— y la extensión a partir de 1992 de algunos privilegios a otras comunidades religiosas denominadas de "notorio arraigo", con un estatuto de segunda categoría pero que prima de forma manifiesta su condición frente a muchas otras organizaciones, ha llevado al Estado español a una flagrante situación de pluriconfesionalismo escalonado, que en los últimos tiempos sigue avanzando progresiva e implacablemente a costa de los derechos fundamentales de los ciudadanos.

El Estado está obligado a proteger los derechos fundamentales porque son jurídicamente inviolables, pues son intrínsecos a la propia esencia del individuo y constituyen la base del sistema democrático. Su violación no pone en cuestión sólo la libertad de conciencia de los ciudadanos, pone en entredicho la esencia misma de la democracia. Estos principios no pueden quedar supeditados a lo que decidan los poderes fácticos ni las mayorías circunstanciales, por lo que el desarrollo de la legislación en materia ideológica y religiosa ha conducido a una situación actual inadmisible, cada vez más próxima a postulados teocráticos, de secuestro tácito de la democracia. En este punto se hace precisa la unión de todas las fuerzas defensoras de la laicidad y de la democracia para revertir cuanto antes esta intolerable situación, no para instaurar un régimen ateo ni antirreligioso, sino verdaderamente laico o cuando menos aconfesional en nuestro país, acorde con los principios del ordenamiento jurídico fundamental, que permita reponer a los ciudadanos el verdadero derecho a profesar la ideología, religión o creencia que se halle en consonancia con el dictado de su conciencia —o bien la libertad de pensamiento, conciencia o religión, según se reconoce en los distinto tratados internacionales firmados por nuestro país—, y que tal como corresponde al espíritu propio de las sociedades libres, tolerantes y democráticas los ciudadanos puedan materializar su proyecto de vida ateo, agnóstico, religioso o sencillamente indiferente, acorde con su interpretación de la realidad y con sus legítimas aspiraciones de una vida plena, en paz y en libertad.

CAPÍTULO 2

LA CONSTRUCCIÓN EUROPEA Y LA LAICIDAD NECESARIA

> LA UNIÓN ESTÁ FUNDADA SOBRE LOS VALORES
> INDIVISIBLES Y UNIVERSALES DE LA DIGNIDAD
> HUMANA, LA LIBERTAD, LA IGUALDAD Y LA SOLI-
> DARIDAD, Y SE BASA EN LOS PRINCIPIOS DE LA
> DEMOCRACIA Y DEL ESTADO DE DERECHO.
>
> Preámbulo de la Carta de los Derechos
> Fundamentales de la Unión Europea.

Los valores y los principios recogidos en el Preámbulo de la Carta de los Derechos Fundamentales de la Unión Europea, aprobada por el Parlamento Europeo, el Consejo de la Unión Europea y la Comisión Europea en diciembre de 2000 durante la cumbre de Niza, son sin duda compartidos por una amplia mayoría de los ciudadanos europeos y, presumiblemente, por todos los estados miembros de la Unión. Son los valores sobre los que se ha edificado nuestra actual cultura, valores que suponen una contribución indiscutible a la convivencia pacífica y al progreso de la sociedad, y por esa razón hoy puede parecer incuestionable que nuestro mundo deba regirse por ellos.

Sin embargo, la llegada de estos valores a nuestra cultura o, mejor aún, la configuración misma de nuestra cultura en torno a tales valores no se ha producido de manera fortuita, más bien al contrario, sólo tras una larga historia de desunión y sufrimiento hemos logrado hacer nuestros dichos valores. Por ello, sacar a colación el asunto de la procedencia de los valores o de las "raíces" de una entidad sociopolítica tan compleja como Europa, justo cuando se está debatiendo su marco constitucional, provoca cierto recelo, porque los valores de Europa, "nuestros" valores, proceden de tradiciones culturales e ideológicas distintas y resultaría difícil, por no decir imposible, tratar de destilar sus esencias para determinar un origen cultural químicamente puro.

Manifestada esta prevención no hay motivo para no reconocer que haya habido "también" alguna aportación de la religión, del cristianismo y en menor medida del catolicismo a la cultura europea y, en definitiva, a la construcción de esos valores "comunes"; aunque lo mismo podría atribuirse a otras tradiciones como la helenística, la romana, el judaísmo —principal "raíz" del cristianismo—, el islam, la Ilustración, el librepensamiento o los socialismos de distinta factura. Todas esas tradiciones y otras muchas no enumeradas aquí están en mayor o menor grado emparentadas con nuestras raíces más profundas y algunas, no lo olvidemos, también han jugado en ocasiones un papel execrable. Ante esta constatación abrir un debate para establecer en qué medida ha contribuido cada una de ellas a la construcción de Europa y, en consecuencia, hasta qué punto cada una de ellas se ha enfrentado a ese mismo proceso, además de resultar inoportuno es probable que dejase a algunas de esas "tradiciones" en una situación poco o nada favorecida...

Que la Constitución europea debe estar fundamentada en una serie de valores patrimonio de todos los ciudadanos es algo que, en principio, está fuera de discusión. Sobre cuáles deben ser esos valores es sobre lo que merece la pena buscar un consenso lo más amplio posible, pero polemizar sobre cuál es el origen o la procedencia de esos valores, si deben anotarse en el haber de una u otra tradición, sólo puede encubrir un propósito: reclamar un reconocimiento específico para poder después exigir un rendimiento insolidario, para justificar privilegios en base a lo que todos "debemos" a una u otra tradición o ideología concreta, para pulverizar la cohesión ciudadana que debería hallarse en el fundamento de todo proyecto democrático.

Europa es una entidad plural donde tendremos que convivir ciudadanos de culturas distintas con creencias diferentes o sin creencia alguna. El marco legal de la Unión no debería ocuparse de las creencias de los ciudadanos, sino sólo de salvaguardar la libertad de poder escoger y profesar alguna de ellas, o ninguna. El único objetivo legítimo en base a nuestros valores comunes es fortalecer la convivencia y las libertades, y eso sólo se podrá lograr impulsando el carácter laico de las instituciones. Las confesiones cristianas, y en especial la Iglesia católica, reclaman, sin embargo, un reconocimiento a "su" contribución y exigen poner por escrito ese compromiso en el texto constitucional. Ello nos lleva a reflexionar sobre los propósitos de semejante comportamiento, porque un desequilibrio en esta cuestión podría suponer un grave contratiempo para los derechos y las libertades de los casi 500 millones de ciudadanos que, desde el 1 de enero de 2007, con la incorporación de Bulgaria y Rumania, formamos parte de la Unión Europea.

La construcción europea cobró especial relevancia para las confesiones religiosas a medida que el proceso de integración avanzaba y se hacía patente la necesidad de contar con una Constitución que definiese, por encima de los intereses nacionales, un marco común para todos los ciudadanos europeos. El Vaticano ha sido consciente desde el principio de la importancia de preservar sus privilegios en aquellos estados en los que cuenta con un estatuto especial y de sentar las bases que le permitan extender, llegado el momento, dichas ventajas e influencia a otros estados tradicionalmente reticentes a efectuar concesiones a las confesiones religiosas en general, y a la Iglesia católica en particular.

El primer gran reto en ese sentido fue el proceso de redacción de la Carta de Derechos Fundamentales. Desde muy pronto la Iglesia trató de influir en el proceso, a mediados de 1999 el papa Juan Pablo II efectuó una significativa intervención ante el Parlamento nacional de Polonia en la que advirtió a la clase política de los peligros que, según él, acechaban al continente a las puertas del nuevo milenio. Llamó a fundar una Europa Unida como una gran "Comunidad Europea del espíritu" sobre la base de los valores morales cristianos y previno sobre la posibilidad de que "la democracia se aliara con el relativismo moral y denegara a la persona humana sus derechos básicos. La democracia sin valores degenera fácilmente en un totalitarismo abierto o camuflado". A pesar de ello, durante el tiempo que duró la redacción de la Carta, acaso confiado de su propia ascendencia, el Vaticano actuó con cierta contención, quizás al considerar incuestionable que el cristianismo debía estar reconocido de forma preeminente en el nuevo marco legal. La diplomacia vaticana pronto se percató de que su arrogancia había encajado mal con el talante de la Europa democrática.

La aprobación durante la cumbre de Niza de la Carta de Derechos Fundamentales sin ninguna referencia a la religión ni al cristianismo en el Preámbulo, a pesar de no tener efectos vinculantes, supuso un fuerte revés para las expectativas del Vaticano, que tomó conciencia del peligro al que se enfrentaba y optó por cambiar su estrategia. Empezó por mostrar su enorme disgusto por el resultado de Niza, pero también por impulsar el acercamiento a los sectores sociales y políticos más proclives a sus intereses, ofreciendo a cambio el pleno apoyo de los católicos al proceso de construcción europeo. En paralelo intensificó su particular campaña mediática, sustituyendo la soberbia inicial por el papel de "damnificado" por las conjuras del anticlericalismo francés para dejar sin voz en Europa a los creyentes. ¡Había mucho en juego y la Iglesia no podía permitirse perder el tren de las instituciones!

La Carta significó un triunfo del laicismo europeo y del esfuerzo por conseguir la plena igualdad de todos los ciudadanos, pues el artículo 10 consagra "el derecho a la libertad de pensamiento, de conciencia y de religión" y recoge la "libertad de cambiar de religión o de convicciones, así como la libertad de manifestar su religión o sus convicciones individual o colectivamente, en público o en privado, a través del culto, la enseñanza, las prácticas y la observancia de los ritos." Aunque para algunos el hecho de no explicitar formalmente el derecho a "no profesar ninguna religión o creencia" es una ausencia inexcusable, una lectura del texto sin prejuicios debería comprender a aquellos que carecen de religión sin más inconvenientes. Pero el éxito obtenido tampoco debería ocultar que la aprobación de la Carta sólo fue posible en el último instante gracias a la intervención del entonces jefe de gobierno francés, Lionel Jospin, quien en nombre de los principios laicos de la República francesa "vetó" la inclusión en el Preámbulo de una referencia explícita a la "herencia religiosa" de la identidad europea, que hubiese supuesto un reconocimiento a la confesionalidad histórico-sociológica de la Unión. La frase inicial fue reemplazada en la redacción definitiva por la expresión más vaporosa de "patrimonio espiritual y moral", lo cual desencadenó las airadas protestas de la Iglesia católica.

El disgusto del Vaticano fue manifiesto. En un mensaje enviado por Juan Pablo II al cardenal Antonio María Javierre sólo una semana después, con motivo de la conmemoración del XII centenario de la coronación de Carlomagno como emperador por el papa León III, podía leerse

> la Iglesia ha seguido con gran atención las vicisitudes de la elaboración de ese documento. Al respecto, no puedo ocultar mi desilusión por el hecho de que en el texto de la Carta no se halla insertada ni siquiera una referencia a Dios, el cual, por lo demás, es la fuente suprema de la dignidad de la persona humana y de sus derechos fundamentales.

Un mes más tarde el Papa mandaba el siguiente mensaje a los representantes del cuerpo diplomático acreditado ante la Santa Sede:

> Es hacia Europa a donde miran tantos pueblos como un modelo en el cual inspirarse. ¡Que Europa no olvide jamás sus raíces cristianas que han hecho fecundo su humanismo!

55

Ese presunto "olvido" ponía en evidencia la decepción del Papa, que fue recogida de inmediato por la clase política próxima a la Iglesia católica. Entre los prohombres más activos destacó el mismísimo presidente de la Convención europea por el futuro de Europa y ex-presidente francés Valery Giscard d'Estaing, a quien el Papa expresó a finales de octubre de 2002, en el transcurso de una audiencia privada, el

> *interés de la comunidad de creyentes de los países europeos por ver respetada su identidad y su contribución específica a la vida de la sociedad europea, así como por ver también respetados los estatutos de los cuales se benefician en virtud de las legislaciones nacionales.*

La respuesta de Giscard no pudo ser más elocuente: "trataremos de hallar alguna forma de recoger las preocupaciones del Santo Padre"...

Una alusión explícita a esas "raíces" en la futura Constitución abriría las puertas a un tratamiento específico del cristianismo por parte de las instancias comunitarias, sentando las bases para la concesión de ventajas a las Iglesias cristianas en detrimento de los demás ciudadanos europeos, tanto de los de otras religiones como de los no creyentes o ateos. Además esa legitimación constitucional permitiría a la Iglesia aspirar también a privilegios en aquellos estados donde actualmente no dispone de ningún tratamiento especial.

En el horizonte es previsible que la Iglesia católica, más allá de nuevos acuerdos de colaboración a los que pudiera llegar con estados concretos o con las instituciones europeas, albergue la esperanza de negociar en el futuro, cuando las circunstancias sean favorables, un concordato con la Unión Europea que le permita extender a todo su territorio muchas de las prebendas históricas que ya disfruta en algunos de los estados miembros. Esa posibilidad deberá permanecer en suspenso hasta que las condiciones políticas se revelen propicias para entablar negociaciones, pero dados los antecedentes no debe descartarse en absoluto. No sería prudente olvidar aquí los nefastos efectos para Europa que han supuesto otros concordatos anteriores, como el firmado entre la Santa Sede y Serbia en junio de 1914 que, sin desdeñar otras circunstancias históricas, supuso una clara humillación para Austria y la pérdida de su ancestral influencia sobre los enclaves católicos de Serbia justo cuatro días antes del asesinato en Sarajevo del archiduque Francisco Fernando, desencadenante de las hostilidades entre el Imperio austro-húngaro y Serbia que conducirían al comienzo de la Primera Guerra Mundial.

Lo mismo podría decirse de las maniobras que condujeron a los Pactos lateranenses entre la Santa Sede y la Italia fascista de Mussolini, que permitieron a la Iglesia recuperar la soberanía sobre el territorio de la Ciudad del Vaticano; o las intrigas para alcanzar un concordato con Alemania, que se traducirían durante los años veinte en acuerdos con algunos *länder* como Baviera y Prusia, y culminarían con el concordato firmado con el III Reich en julio de 1933 entre el entonces secretario de Estado vaticano Eugene Pacelli —que años después ocuparía el solio pontificio con el nombre de Pío XII— y el vicecanciller alemán Franz Von Papen, que si bien comportó importantes concesiones para la Iglesia católica supuso la rendición al nazismo del catolicismo político alemán y significó un espaldarazo crucial para el régimen de Hitler, aislado hasta entonces internacionalmente. Tampoco deberíamos olvidar el papel jugado por el Concordato con España de 1953, en el momento en que la dictadura más necesitaba de respaldo exterior a causa de su aislamiento político.

Pero la ambición de la Iglesia católica por extender su influencia en Europa no le ha hecho descuidar la importancia de preservar su situación actual. La Iglesia es consciente de que sin los privilegios que disfruta en muchos estados su pervivencia en los términos actuales sería dificultosa. El avance de la secularización en Europa y el deseo de contar con un marco neutral en materia de derechos y libertades, como se puso de manifiesto durante la redacción de la Carta, ha adquirido una sólida implantación y dispone de una fuerza considerable. Ante esa amenaza la Iglesia ha apostado por blindar su estatuto en cada uno de los estados miembros por delante incluso de cualquier expectativa de posibles nuevos beneficios. A fin de cuentas fue el propio Pío XII quien acuñó en 1948 la idea de "cristianismo como herencia cultural común", como recurso para garantizar el papel preeminente de la Iglesia ante la perspectiva incierta de una Comunidad Europea en ciernes.

La iniciativa del Praesidium de la Convención Europea de incluir en su propuesta de Constitución un artículo, no previsto en el Anteproyecto, que integraba el enunciado de la Declaración número 11 sobre el estatuto de las iglesias y de las organizaciones no confesionales, anexa al Tratado de Amsterdam de 1997, que salvaguardaba el estatuto nacional de las comunidades religiosas, respondía fielmente a estos planteamientos. El resultado de ello es la propuesta final de artículo I-52[1], que dice:

> *Estatuto de las iglesias y de las organizaciones no confesionales. 1. La Unión respetará y no prejuzgará el estatuto reconocido en los Estados miembros, en virtud del Derecho interno, a las iglesias y las asociaciones o comunidades religiosas. 2. La Unión respetará asimismo el estatuto reconocido, en virtud del Derecho interno, a las organizaciones filosóficas y no confesionales. 3. Reconociendo su identidad y su aportación específica, la Unión mantendrá un diálogo abierto, transparente y regular con dichas iglesias y organizaciones.*

La adición del tercer apartado, análogo al incluido en la propuesta de artículo I-47 de la Constitución para las asociaciones representativas de la sociedad civil, respondía al deseo de garantizar también un diálogo "específico" de las iglesias con las instituciones europeas.

En su día se presentaron 44 enmiendas al proyecto de artículo I-52, de las cuales 21 reclamaban su completa eliminación y otras 5 la del párrafo tercero. Algunos de los argumentos expuestos eran demoledores, cuestionaban que una declaración no vinculante del Tratado de Amsterdam, que quedaría sin efecto en caso de aprobarse la Constitución, tuviese que ser incluida por "sorpresa" y sin argumentación alguna. Sostenían que la Carta de los Derechos Fundamentales —incluida en el proyecto de artículo I-9.1— ya protegía las libertades de todos los ciudadanos; que los proyectos de artículos I-1, I-5 e I-9 ya contemplaban el respeto a las tradiciones nacionales; que tratar el estatuto de organizaciones confesionales dentro del Título VI dedicado a "la vida democrática de la Unión" era una aberración, porque dichas organizaciones carecen de espíritu democrático; y alertaban de que el párrafo tercero del artículo I-52 confiere a las iglesias un derecho "ilegítimo" de intervenir en los asuntos de la Unión, cuando el diálogo con las asociaciones y con la sociedad civil en general ya quedaba protegido por el proyecto de artículo I-47. Asimismo, cuestionaban que la Unión Europea tuviese que asumir competencias referentes a los campos de la teología o de la filosofía. La única enmienda presentada por representantes españoles fue la de los diputados socialistas Josep Borrell y Diego López Garrido junto con el europarlamentario Carlos Carnero González, en la cual proponían eliminar del segundo párrafo las palabras "filosóficas y" y suprimir completamente el tercero, remitiendo con pequeños matices al texto original de la Declaración número 11 del Tratado de Amsterdam... una contribución demasiado tímida.

La aprobación sin cambios del artículo I-52 hubiese comportado todavía un peligro adicional para la laicidad, porque al respetar y no prejuzgar "por igual" el estatuto de las confesiones y de las organizaciones no confesionales en las legislaciones nacionales consolidaría *de facto* las discriminaciones existentes en cada país —como en el caso del Estado español—, impidiendo en el futuro cualquier progreso en la aplicación del "principio de igualdad democrática" recogido por la propuesta de artículo I-45 de la Constitución, que dice:

La Unión respetará en todas sus actividades el principio de la igualdad de sus ciudadanos, que se beneficiarán por igual de la atención de sus instituciones, órganos y organismos.

El párrafo segundo del artículo I-52 dejaba así las manos libres a los estados para seguir negando cualquier reconocimiento a las "organizaciones filosóficas y no confesionales", ya que no consagra la igualdad de todas las organizaciones, sino tan solo el respeto a su estatuto actual en cada país, sin valorar la situación de partida en cada uno de ellos.

Tal como se ha formulado la propuesta parece evidente que el verdadero propósito del artículo I-52 es mantener intactos los privilegios de las comunidades religiosas y dejarles abierto el camino a posibles mejoras en las negociaciones bilaterales con cada uno de los estados. En ese punto, la inclusión de una referencia a las supuestas "raíces cristianas" de Europa en el Preámbulo sería el argumento definitivo para acabar de allanar el camino a los intereses de las Iglesias cristianas y servir de freno a sus rivales potenciales como el islam, que aumenta deprisa entre la población europea debido al fenómeno de la inmigración. Esa referencia también dificultaría aún más la posible adhesión a la Unión Europea de Turquia, un Estado formalmente laico pero de mayoría musulmana, aplazada *sine die* desde la cumbre de Copenague de diciembre de 2002. Un objetivo adicional de esta estrategia sería la contención del secularismo que amenaza cada vez más de cerca la hegemonía cristiana en el seno de la Unión. La propuesta de Preámbulo presentada en la versión definitiva de la Constitución se limitaba a recoger una vaga referencia a la "herencia cultural, religiosa y humanista de Europa" sin ninguna mención directa al cristianismo.

La norma fundamental que regule la organización política y social de la Unión Europea debería establecer las bases para acabar con cualquier pretensión de privilegio que impida avanzar hacia una auténtica cohesión social. El proyecto de artículo I-2 sobre los "Valores de la Unión" consagra como fundamentos de la Unión Europea los valores de

> *la dignidad humana, libertad, democracia, Estado de Derecho y respeto de los derechos humanos, incluidos los derechos de las personas pertenecientes a minorías*

No se aprecia que tales valores se deriven ni conserven una deuda especial con la religión, ni mucho menos con el catolicismo, que históricamente ha sido siempre reacio a permitir el avance de la libertad y de la democracia. Actualmente la mayoría de los países de la Unión Europea cuentan con un régimen de religión de Estado o bien mantienen en vigor concordatos con la Santa Sede muy ventajosos para ella. Una Constitución o un Tratado fundamental debería ser más bien el revulsivo necesario para superar esos vestigios anacrónicos del Antiguo Régimen. En lo que respecta a la Santa Sede, si se trata de un Estado soberano entonces no debería tolerarse su injerencia en los asuntos internos de la Unión Europea, porque no forma parte de ella. En cuanto a la Iglesia católica su tratamiento no debería diferir del otorgado a las organizaciones sociales incluyendo, por supuesto, a las demás confesiones religiosas. Tampoco se debería permitir que sus miembros, en tanto se beneficien de un tratamiento especial por parte de los organismos comunitarios, actúen por cuenta de la Santa Sede si ello va en detrimento de los intereses de la Unión Europea, pues lo contrario equivaldría a estimular su deslealtad. Sólo si Europa contara con un marco rigurosamente laico debería permitir a las confesiones elegir libremente sus "fidelidades".

En lo tocante a los "derechos humanos" la contribución de las religiones es todavía más cuestionable. Nos limitaremos a señalar que la Santa Sede es una monarquía absoluta cuyos principios básicos son incompatibles con la democracia, y que sigue sin firmar la mayoría de acuerdos internacionales sobre derechos humanos propuestos por las Naciones Unidas, entre ellos algunos tan relevantes como el Pacto Internacional de Derechos Civiles y Políticos, su primer Protocolo y el Segundo Protocolo destinado a abolir la pena de muerte, el Pacto Internacional de Derechos Económicos, Sociales y Culturales, la Convención Internacional sobre la Eliminación de todas las Formas de Discriminación contra la Mujer y su Protocolo Facultativo, y así hasta casi un centenar de convenios distintos...

Nuestra sociedad no puede resignarse a ser una simple yuxtaposición de comunidades religiosas o laicas, étnicas o nacionales, una simple adición de colectivos con intereses egoístas, sino que debe aspirar a convertirse en un entidad comprehensiva de ciudadanos libres y responsables dispuestos a compartir un mismo destino. Eso implicará respetar las diferencias, pero también garantizar los derechos y las libertades de todos los ciudadanos y mantener una estricta separación entre el bien común y los intereses de los grupos particulares. Europa tiene ante sí una oportunidad histórica, pero necesitará de la laicidad para alcanzar una auténtica cohesión social y preservar los valores que han llevado a las más altas cotas de progreso, justicia, paz y bienestar a sus ciudadanos.

NOTAS

1. La numeración de los artículos sufrió diversas modificaciones a medida que avanzaba el proceso de redacción de la Constitución. El artículo que trata el "Estatuto de las iglesias y de las organizaciones no confesionales" tuvo primero el número 37, después el 51 y finalmente el I-52. Para simplificar la comprensión del texto se ha adoptado la numeración correspondiente a la propuesta definitiva del Tratado Constitucional, aprobada el 29 de octubre de 2004 en Roma por los Jefes de Estado y de Gobierno de los estados miembros de la Unión, que es también la que se votó en referéndum el 20 de febrero de 2005 en España. Este mismo artículo está previsto que se incorpore con el número 16 C al Tratado de Lisboa, elaborado como alternativa al Tratado Constitucional, que firmaron el 13 de diciembre de 2007 los veintisiete jefes de Estado o de Gobierno de la Unión Europea.

CAPÍTULO 3

LAS POSICIONES ATEA, AGNÓSTICA Y LAICISTA ANTE LA EDUCACIÓN Y LA SECULARIZACIÓN DE LA SOCIEDAD

1. ATEÍSMO, AGNOSTICISMO Y CREENCIA

En el momento de enfrentarnos a la experiencia religiosa los seres humanos podemos adoptar dos actitudes totalmente contrapuestas: una de ellas pasa por aceptar la existencia de un ámbito trascendente y, en consecuencia, el desdoblamiento de la realidad en dos dimensiones más o menos segregadas, una que podemos conocer de forma más inmediata, el mundo natural, y otra que por norma general se mantiene en un nivel menos accessible, que identificamos con el mundo sobrenatural. La segunda actitud consiste en restringir el ámbito de la realidad únicamente al mundo que podemos abarcar, rechazando cualquier posible entidad que no sea verificable. En ese caso, por el mero hecho de manifestarse, todo fenómeno pasaría inmediatamente a formar parte de la única realidad existente, la naturaleza, y de haber alguna cosa "más allá" no constituiría ninguna realidad esencialmente distinta de la que conocemos, sino que formaría parte de aquello que denominamos lo desconocido, lo que se mantiene, provisional o indefinidamente, fuera de nuestro alcance.

Se trata de dos planteamientos irreconciliables en el sentido de que conducen a visiones antagónicas de la existencia y de que llevan a adoptar posiciones vitales radicalmente diferentes. Esto no significa que estas dos grandes cosmovisiones no puedan coexistir, e incluso cooperar en la construcción de un proyecto común. Como veremos no "deben" de ser necesariamente excluyentes, pero resulta evidente que las diferentes motivaciones, intereses y finalidades de ambas hacen que esa no sea una tarea sencilla.

Hemos de considerar también la posibilidad de una "tercera vía", a la que denominamos agnosticismo, que consiste en no pronunciarse, al menos de manera definitiva, a favor ni en contra de la hipótesis trascendente. Ante la ausencia de elementos contrastables el agnóstico dejaría en suspenso su juicio sobre esa posibilidad. La opción agnóstica no difiere substancialmente de la hipótesis atea en el sentido de que ambas coinciden en el rechazo a aceptar proposiciones no verificables, es decir, comparten una cuestión de método, por contraste con la creencia que, como su propio nombre indica, pone las convicciones individuales por delante de toda argumentación.

La diferencia entre ateísmo y agnosticismo se reduce por tanto a una cuestión metodológica. Ante la ausencia de elementos contrastables el ateo, como se ha explicado en el capítulo primero, se inclinaría por aplicar el *principio de Occam*, que no considera conveniente multiplicar los fenómenos para explicar una realidad si ésta puede explicarse igualmente de manera más sencilla, mientras que el agnóstico optaría por mantenerse en la indefinición. En realidad la posición del agnóstico, perfectamente coherente desde un punto de vista intelectual, es difícil de mantener cuando "bajamos" al ámbito de las actitudes vitales, porque en la práctica o bien queda supeditada a la influencia de la creencia o conduce al individuo a actuar inexorablemente "como si dios no existiese", al margen de que esta proposición sea o no demostrable. Esta última forma de agnosticismo llevaría a alinearse con el ateísmo o, para decirlo más genéricamente, con la irreligiosidad.

2. ATEÍSMO Y EDUCACIÓN RELIGIOSA

En el ámbito de la educación el ateísmo, por la simple razón de que no reconoce una dimensión religiosa más allá de la posible proyección psicológica del sujeto de una determinada experiencia, no considera que haya ninguna necesidad ni que tenga ninguna utilidad, proporcionar a los jóvenes ni a los niños una educación religiosa específica. Pero para el ateísmo la cuestión de la educación religiosa no se reduce tan solo a si la religión constituye o no una forma de conocimiento. El debate con frecuencia se centra en este punto, pero en realidad encubre algo más profundo, porque toda religión propone también un código moral y defiende un modelo de organización social. Es decir, la religión no es únicamente una experiencia, una forma individual de expresión, sino que es también un sistema ideológico, una cosmovisión, que es administrada por un colectivo o por una organización con sus propios intereses y finalidades.

Al hablar de creencia o de religión debemos hacer por tanto una distinción entre al menos tres categorías claramente diferenciadas: en primer lugar está lo que podemos describir como "dimensión religiosa", o sea la creencia propiamente dicha, la revelación, la experiencia individual de una posible trascendencia. A continuación la religión organizada, como "conjunto elaborado de dogmas y creencias", y por último la organización, la confesión religiosa, una institución constituida por un "conjunto de individuos que comparten unas creencias" determinadas. En el lenguaje coloquial es bastante común saltar de un registro a otro de manera indiscriminada, y esto en ocasiones hace difícil situar correctamente el debate.

Al valorar la función social de la religión el ateísmo considera imprescindible analizar cada una de estas tres categorías dentro de su registro correspondiente: la experiencia individual como una opción personal de enfrentar la vida, la religión como un sistema de interpretación de la realidad en competencia con otros sistemas más o menos próximos o antagónicos, y la organización religiosa como una comunidad de individuos, con frecuencia interesada en extender su influencia y su ideología en todos los ámbitos de la convivencia, y es precisamente en los dos últimos niveles donde los ateos por lo general pensamos que la educación religiosa, más que superflua, puede resultar contraproducente, al tratarse de un mecanismo para perpetuar mitos infundados y para legitimar situaciones de injusticia social.

Si analizamos la religión desde esta perspectiva tenemos entonces que plantearnos algunas cuestiones: ¿debe jugar algún papel la religión dentro del proceso educativo? La respuesta es "sin duda", desde el momento en que responde a una realidad social. En todo caso lo que queda por determinar es cuál. ¿Debe tener algún lugar en el proceso educativo una forma de experiencia individual que, por su propia naturaleza, no puede ser considerada un conocimiento intersubjetivo? Por descontado que sí, siempre que se trate como lo que es en realidad, una experiencia personal, y se le reconozca el valor que tiene de subjetividad. Como toda experiencia forma parte de nuestra realidad y si queremos ser consecuentes no podemos escamotearla, pero tampoco sería prudente convertirla en aquello que no es: un conocimiento contrastable y objetivo. Pero... ¿y en lo que respecta a la religión más allá de la experiencia puramente personal?

Para los ateos las religiones promueven la creencia al margen de la evidencia, e incluso con mucha frecuencia en contra de la evidencia. Ello, más que contribuir a desarrollar la capacidad de razonamiento y la independencia intelectual de los jóvenes y los niños —lo que es un principio fundamental del pensamiento ateo—, les induce a aceptar de forma acrítica las consignas recibidas y a someter su voluntad a una autoridad externa. El científico y escritor británico Bertrand Russell[1] se refería a esta circunstancia del siguiente modo:

La convicción de que es importante creer esto o aquello, incluso aunque una investigación libre no respalde la creencia, es común a casi todas las religiones e inspira todos los sistemas de educación estatal. La consecuencia es que las mentes de los jóvenes no se desarrollan y se llenan de hostilidad fanática hacia aquellos que mantienen otros fanatismos y, aún más virulentamente, hacia los que son contrarios a todos los fanatismos. El hábito de basar las convicciones en la prueba y de darles solamente el grado de seguridad que la prueba autoriza, si se generalizase, curaría la mayor parte de los males que sufre el mundo.

Así pues, la visión que el ateísmo tiene en general de la educación religiosa no es demasiado halagadora, pero lo que pone de manifiesto esta opinión es también que en este nivel de discurso, al hablar de religión, no nos estamos refiriendo a la transmisión de conocimientos, sino a la propagación de sistemas ideológicos. Las religiones son modelos complejos que proponen una comprensión específica de la realidad, igual que hacen el ateísmo o el agnosticismo. La pregunta entonces es... ¿resulta prudente introducir ideologías dentro del proceso educativo?

Ante esta disyuntiva existen dos opciones contrapuestas: una es considerar que los progenitores, los tutores, en definitiva los responsables del joven o del niño, tienen un derecho ilimitado a orientar la educación de sus hijos en función de sus propias ideas o creencias. La otra defendería que ninguna opción de conciencia particular tiene derecho a imponerse sobre la libre conciencia de los futuros ciudadanos. Es evidente que la construcción de un sistema ideológico de valores y opiniones es un proceso complejo en el cual intervienen múltiples factores y agentes sociales, todos ellos legítimos siempre que estén basados en el respeto a los demás. Por tanto, establecer hasta qué punto el tutor o progenitor, o bien otra persona o un colectivo, debe de tener derecho a condicionar la conciencia del joven o del niño y, en definitiva, hasta qué punto la sociedad en la cual ha de integrarse ese individuo debe de tener la posibilidad de influir en la formación de su realidad, o bien si debe limitarse a desarrollar sus potencialidades y a facilitarle herramientas para que sea capaz de escoger o construir su propia forma de entender el mundo y la vida, es una cuestión difícil de determinar. ¿Deben de tener derecho el tutor o la sociedad a inculcar una ideología, o bien es preferible ayudar al individuo a emanciparse para conseguir formar hombres libres, con capacidad reflexiva para analizar con rigor la información a su alcance?

Una cosmovisión es siempre inevitablemente ideológica, sea atea, agnóstica o creyente, pero en cambio ante la educación, como ante toda actuación política y social, hay dos posibilidades, velar por la neutralidad o por la imposición, optar por un marco laico o confesional. Sería ingenuo ignorar que toda intervención incluso la más inocente y bienintencionada está marcada ideológicamente, pero al margen de influencias particulares lo importante de todo sistema es dilucidar cuál es su finalidad, si pretende formar ciudadanos emancipados, libres ideológicamente hablando, capaces de pensar por sí mismos y autónomos para tomar sus propias decisiones, o bien lo que persigue es inculcar determinadas creencias en la mente de los individuos en proceso de formación, obligarles a asimilar determinadas normas y enseñarles a creer en una cosmovisión concreta de la realidad que es válida para un colectivo, pero que no es la única posible ni representa una verdad contrastable, objetiva. Y aquí es donde entra en juego un nuevo concepto: la laicidad.

3. IDEOLOGÍA Y LAICIDAD

Al hablar de laicidad, a diferencia de lo que sucede al hacerlo de ateísmo, de agnosticismo o de creencia, no nos estamos refiriendo a un sistema ideológico cerrado, sino a algo completamente diferente. La laicidad, que en este sentido sería equivalente a laicismo —aunque el término laicismo también se aplicaría al movimiento que reivindica la instauración de la laicidad como forma de organización social y política—, no puede ser considerada en esencia un sistema o una ideología, porque no pretende explicar nada por sí misma, no propone ningún modelo concreto de interpretación de la realidad. No entra en el debate sobre la existencia o no de la trascendencia, ese es un tema que queda dentro del ámbito de la conciencia individual de las personas. La laicidad es más bien un metasistema, un marco de relación que permite acoger cualquier ideología o creencia que respete dos principios fundamentales: el hombre es libre por naturaleza, y por tanto ha de poder escoger su opción ideológica o espiritual, y todos los hombres son iguales, es decir merecen los mismos derechos con independencia de su origen y condición.

Esto que parece tan sencillo es lo que marca el paso del mundo antiguo a la Modernidad, pues comporta algunas consecuencias revolucionarias: el ser humano es el único sujeto legítimo del derecho y por tanto solamente las personas tienen y pueden expresar opiniones, o sea que las entidades, organizaciones, naciones o entes comunitarios de cualquier tipo no tienen otra voluntad que la de los sujetos que las integran. El Estado, como representación máxima de todos los individuos que constituyen una entidad política, no tiene una opinión propia, debe mantenerse ideológicamente neutral porque ha de velar por el respeto a la pluralidad, a los derechos de todos los ciudadanos por igual. Es un requisito imprescindible·para garantizar que nadie disfrute de privilegios ilegítimos ni pueda ser injustamente discriminado. Ese es en definitiva un criterio necesario para la existencia de la justicia.

Estos elementos son los que configuran la esencia misma de la democracia y del Estado de derecho, por eso algunos autores como Gonzalo Puente Ojea[2], Javier Otaola[3] o Gregorio Peces-Barba[4] afirman que la idea de laicidad es consubstancial a la idea de democracia. Aquél que no acepta el marco que viene definido por la laicidad aspira de una u otra forma a situarse por encima de algunos o de todos sus semejantes. Se considera un elegido, un privilegiado, más informado, más capaz, o sencillamente se atribuye prebendas por una cuestión de nacimiento, de linaje, de sexo o de cualquier otra condición o factor diferencial. Piensa que solamente su interpretación del mundo es legítima y respetable, y por eso se considera autorizado a imponerla al resto de sus conciudadanos. Esta es una constante de los sistemas que rechazan la libertad y la democracia en todos los lugares, y en todos los tiempos. La única ideología incompatible con la laicidad es la que se fundamenta sobre el dogmatismo excluyente.

La laicidad implica la aceptación de algunos principios, pero no se puede considerar una posición filosófica cerrada o una respuesta metafísica definitiva, porque solamente aspira a delimitar un espacio que haga posible la convivencia, un marco capaz de contener aquellas "diferencias comprehensivas razonables" a las que apelaba John Rawls[5], que nos permita participar de un proyecto común en un contexto de pluralidad. La laicidad es un marco de organización que defiende la libertad del individuo, la igualdad de derechos de los ciudadanos y, a raíz de ello, la neutralidad del Estado en materia de ideología y creencia, pero no debería verse como una agresión hacia la religión, porque la laicidad defiende a todas las ideologías por igual, por contra sí debería considerarse como la preservación del ámbito público de todo intento de apropiación excluyente por parte de una ideología determinada. Tampoco implica la abstención ideológica de los gobernantes, sólo la necesidad de establecer una separación clara entre la ideología de los individuos que ejercen la acción de gobierno y el ámbito de actuación pública que les corresponde en representación de todos los ciudadanos, que debe de ser neutral ideológicamente.

4. LAICIDAD Y EDUCACIÓN

Actualmente las posiciones atea, agnóstica y laicista ante la educación y la secularización de la sociedad, por lo menos en Occidente y dentro de las corrientes que se inspiran en el librepensamiento, no presentan ninguna diferencia significativa, porque lo que proponen no es la imposición a la sociedad de uno u otro modelo ideológico, sino la instauración de la laicidad. Una laicidad que comporte la neutralidad de la acción pública en todos los ámbitos y, por supuesto, también en el campo de la educación.

En este punto lo más importante no es pues como ven las formas de increencia la educación religiosa o la educación en la religión, que en su forma "voluntaria" debería venir garantizada por la propia laicidad, sino qué papel deben de tener las ideologías dentro de la educación "oficial". ¿Debe ocuparse el Estado de educar en el ateísmo, en el agnosticismo o en cualquier modalidad de creencia? ¿Debe ser función del Estado transmitir o garantizar la transmisión de alguna ideología? ¿Puede ser confesional la educación oficial? Hay que precisar que por confesional entendemos aquí, de manera inequívoca, cualquier ideología de cualquier signo —así tan confesional sería en este contexto el supuesto ateísmo de Estado instituido por los antiguos países comunistas de la órbita soviética, como la "formación del espíritu nacional" de infausta memoria, o cualquier formación religiosa de carácter doctrinal, como la catequesis—. La laicidad no pretende adoctrinar en el ateísmo ni en ninguna otra ideología, no pretende suprimir la religión de la educación de los niños y los jóvenes, no busca la secularización de la sociedad, lo que defiende es que ninguna creencia, ninguna ideología, ninguna enseñanza confesional, invada el espacio público que viene representado por los programas oficiales de educación, y que todo contenido confesional quede fuera del marco de la educación oficial.

A veces se dice, interesadamente, que la laicidad persigue la expulsión de la religión de la escuela, pero esto no es exacto. La obligación de la laicidad es garantizar la neutralidad ante las distintas opciones de conciencia, y en tanto que fenómeno histórico y social la religión responde a una realidad que debe contar con su espacio dentro de la enseñanza oficial, como cualquier otra forma de conocimiento. Lo que sí rechaza taxativamente es el adoctrinamiento ideológico dentro de la educación oficial, porque eso significaría la ruptura de la neutralidad ideológica que el Estado debe mantener para garantizar la pluralidad y la igualdad de derechos de todos sus ciudadanos. La función del Estado debe ser potenciar aquellas capacidades que sirvan para unir a los ciudadanos más que para separarlos. Impulsar el bien público y la solidaridad de los agentes sociales más que la disgregación y el beneficio comunitarista. Si el Estado se dedica a imponer una ideología entonces no hay lugar para la libertad ni para la democracia, para el respeto a la conciencia individual ni la igualdad de derechos. Es la fórmula más eficaz para conducir a la sociedad hacia el "pensamiento único" y, de forma explícita o encubierta, hacia la autocracia.

¿Es esto un ataque a la religión? ¿Es una fórmula para extender el ateísmo o la secularización? Quizás es, sencillamente, devolver a su justo lugar aquello que jamás debería haber invadido la esfera pública de la sociedad, el espacio común de todos los ciudadanos. Quienes no lo vean así quizás deberían reflexionar sobre cómo se sentirían ellos mismos bajo el yugo de un régimen político que tratase de imponerles alguna forma de ateísmo o de cualquier otra ideología o religión. Por desgracia hay abundantes ejemplos de esto último por todo el mundo, y algunos de ellos bastante recientes y aterradores.

5. LA LAICIDAD Y LA ENSEÑANZA DE LA RELIGIÓN EN ESPAÑA

Al abordar cuál es la situación de la educación religiosa en nuestro país en el año 2003 la polémica resulta inevitable, pues partimos de un acusado desequilibrio motivado por factores históricos y sociológicos, y por una ausencia casi absoluta de voluntad por parte de algunos de los agentes implicados para buscar una salida razonable para el conjunto de la ciudadanía. A partir de la transición democrática la legislación consolidó la presencia en el programa educativo oficial de una asignatura de religión voluntaria, pero que implicaba una contrapartida en forma de asignatura alternativa para los que no querían cursar la enseñanza confesional. A pesar de haberse emitido diversas sentencias del Tribunal Supremo contrarias a establecer una obligación para los que no deseaban cursar la asignatura confesional la alternativa continuó en los planes de estudios, pero evolucionó desde una asignatura formal de "ética" hasta una serie de "actividades complementarias" que no podían incluir contenidos curriculares para evitar posibles ventajas para los alumnos. Todo ello llevó a la asignatura alternativa a una situación un tanto precaria, sobretodo en los centros públicos y en los privados no confesionales. La Iglesia católica no veía con buenos ojos este estado de cosas porque debilitaba la posición de la asignatura confesional de religión en los programas educativos, por eso en octubre del año 2000 solicitó formalmente al Estado una reforma de la educación que diese más protagonismo a la religión, y finalmente vio recompensados sus deseos. No entraré a valorar las razones políticas que llevaron entonces al gobierno del Partido Popular a plegarse a los intereses de la Iglesia, pero no estará de más efectuar algunas precisiones sobre el pretendido derecho a la educación religiosa que tan efusivamente enarbolan algunos agentes sociales.

La Ley Orgánica de Calidad de la Educación (LOCE) de diciembre de 2002, y los Reales Decretos aprobados por el gobierno del

Estado en el mes de junio de 2003 que desarrollaban la citada ley, consumaron definitivamente la introducción en todos los niveles educativos de una asignatura de religión obligatoria y evaluable para todos los estudiantes dentro de los programas oficiales de enseñanza, eso sí, con dos modalidades, una explícitamente confesional, es decir adoctrinamiento religioso, la otra "presuntamente" no. Esta presunción no resulta gratuita, ya que los citados Decretos determinaban de entrada unos mismos objetivos para las dos opciones. En cuanto a los contenidos de la opción no confesional establecidos por el nuevo marco legal solamente mencionaré, a nivel de ejemplo, que la única referencia al ateísmo en todo el programa de Educación Secundaria Obligatoria (ESO) era la que se encontraba en el capítulo tercero de cuarto curso, que llevaba por título "Totalitarismo y religión en el siglo XX. El ateísmo de Estado. La catástrofe moral de los totalitarismos. El Holocausto." No creo que sea preciso efectuar más comentarios.

La razón de fondo para impulsar esta reforma fue, según el gobierno, conferir a la enseñanza de la religión

> *el tratamiento académico que le corresponde por su importancia para una formación integral, y hacerlo en los términos conformes con lo previsto en la Constitución y en los Acuerdos subscritos al respecto por el Estado Español.*

Estos términos respondían directamente a las demandas de la Iglesia católica, que reclamaba incorporar la enseñanza de la religión católica en los planes de estudios de la enseñanza oficial "en condiciones equiparables al resto de las disciplinas fundamentales", invocando la aplicación del "derecho fundamental" que, según se destaca en los acuerdos subscritos en enero de 1979 entre el Estado español y la Santa Sede sobre enseñanza y asuntos culturales, tienen los padres sobre la educación moral y religiosa de sus hijos.

Ante estas afirmaciones, y sin ánimo de entrar en debates jurídicos sobre la obligación o no del Estado de aplicar los citados acuerdos, aquellos que no compartimos la opinión sobre la "importancia para una formación integral" de la religión, ni sobre lo que son las "enseñanzas fundamentales" para la educación de nuestros hijos, no podemos evitar preguntarnos si el muy respetable derecho a la educación moral y religiosa de los hijos propios debe de poder ejercerse mediante la introducción de contenidos confesionales dentro de los planes educativos de la enseñanza oficial. Para tratar de eludir la cuestión se argumentó en su momento que nadie tendría la obligación de cursar la asignatura confesional y que, por contra, la opción no confesional permitiría adquirir unos conocimientos necesarios que hasta entonces se habían dejado de lado por una actuación *cuasi* negligente de las autoridades educativas.

En realidad, algunos pensamos que la introducción de una asignatura no confesional de religión en los programas educativos no es más que un subterfugio para legitimar la presencia de la enseñanza doctrinal en los planes de estudios y para evitar la deserción masiva de alumnos de la asignatura de religión confesional, y no por el valor formativo real de estas asignaturas. La evidencia más clara es que si la asignatura no confesional fuese tan importante para la formación integral de los alumnos entonces debería serlo para todos ellos, y no solamente para los que no acceden a hacer "catequesis", ya que los contenidos de ambas asignaturas se supone que deberían ser diferentes. Además, la imposición de una contrapartida a todos aquellos que no deseen cursar la asignatura confesional es claramente inconstitucional, como ha dictaminado el Tribunal Supremo del Estado en diversas ocasiones. Lo que intentaba la nueva propuesta era precisamente evitar este escollo, inventando una sola asignatura obligatoria para todos los estudiantes pero con dos modalidades, en lugar de imponer una alternativa a los que no deseasen seguir la enseñanza confesional.

Nadie discute el derecho que tienen los padres a educar a sus hijos de la forma que consideren más conveniente, siempre que se respeten el resto de "derechos fundamentales", cosa que por otro lado no emana de los acuerdos subscritos con la Santa Sede, sino que está perfectamente recogida en el artículo 27.3 de la Constitución española:

Los poderes públicos garantizan el derecho que asiste a los padres para que sus hijos reciban la formación religiosa y moral que esté de acuerdo con sus convicciones.

Pero si pretendemos extender a la enseñanza oficial la educación moral y religiosa que, no lo olvidemos, pertenece al ámbito de las creencias privadas de las personas, para ser consecuentes deberíamos también estar dispuestos a satisfacer las expectativas en este sentido de "todos" los padres, por mucho que nos "gusten" o nos "disgusten" sus contenidos. En tal caso no hemos de olvidar que, al tratarse de un "derecho fundamental" atribuible a todos los ciudadanos, el poder civil tendría que ser capaz de garantizar que los contenidos de las asignaturas se ajustasen a la idea que de la educación moral y de la religión tuviesen, en cada situación, todos y cada uno de los ciudadanos progenitores, o tutores.

No estamos tratando aquí de la enseñanza de "conocimientos" —a pesar de las pretensiones de Antonio María Rouco Varela, por aquel entonces presidente de la Conferencia Episcopal Española (CEE), de equiparar la enseñanza de la religión con la de algunas disciplinas científicas como las matemáticas— término ya de por sí lo bastante ambigüo sobre el cual el Estado puede hasta cierto punto atribuirse una capacidad normativa, sino de doctrinas y opiniones, ámbito particular en el contenido del cual jamás debería inmiscuirse el Estado salvo que fuese para garantizar la legalidad vigente, pues lo contrario comportaría la automática violación de otros derechos tanto o más "fundamentales" que los anteriores, como son el derecho a la libertad de opinión y a la libertad de conciencia, recogidos también en diversos artículos de nuestra Constitución y en multitud de tratados internacionales subscritos por el Estado español, como la Declaración Universal de Derechos Humanos de 1948, el Convenio Europeo para la Protección de los Derechos Humanos y las Libertades Fundamentales de 1950, el Pacto Internacional de Derechos Civiles y Políticos de 1966 o la Carta de Derechos Fundamentales de la Unión Europea de 2000, entre otros.

Nos adentramos en un terreno peligroso, porque en caso de que decidiésemos generalizar la enseñanza doctrinal en materia de moral y de religión en nuestros planes de estudios... ¿quién sería entonces el responsable de decidir la oferta de contenidos, qué criterios para decidir lo que puede o no ser enseñado, es más, lo que debe o no debe ser enseñado? ¿Qué doctrinas tendrían derecho a estar en estos planes de estudios y cuáles no, y en función de qué criterios? ¿Solamente las reconocidas actualmente de manera oficial como de "notorio arraigo"? ¿Se tendría que superar una especie de homologación? ¿Nos escandalizaría que pudiésemos escoger para nuestros hijos entre catolicismo romano, islam, budismo, esoterismo o *new age*? ¿O incluso entre animismo, pacifismo, ecologismo o ateísmo? O quizás, tal como propone la laicidad, ¿no sería mejor que la educación oficial estuviese sencillamente orientada a enseñar a los alumnos a respetar a los demás y a desarrollar su capacidad crítica para que al llegar a su madurez estén preparados para poder escoger, o incluso si así lo desean, construirse su propio sistema moral o su propia religión o bien abrazar la de sus progenitores? Por supuesto, todo esto sin detrimento de que los padres puedan formar a sus hijos extraescolarmente de la manera que consideren oportuna. Éste sí es un derecho que se debería garantizar.

En este punto pisamos ya arenas movedizas, porque la principal baza de la religión, de cualquier religión, es el dogma, no el contraste de opiniones ni la libertad de pensamiento, y por eso conviene que la doctrina sea inculcada desde la más tierna infancia, porque así se incrementa exponencialmente la posibilidad de conseguir nuevos adeptos. A esto se refería Bertrand Russell[6] con su habitual perspicacia cuando escribió:

> *lo que hace que la gente crea en Dios no son los argumentos intelectuales. La mayoría de la gente cree en Dios porque les han enseñado a creer desde su infancia, y ésta es la razón principal.*

Por eso es tan importante para la jerarquía religiosa extender la enseñanza de la religión al ámbito de la educación oficial, porque ese es un factor crucial para la perpetuación de la creencia en Dios, e incluso para la propia supervivencia de la Iglesia.

Y por eso ante los argumentos de neutralidad siempre se esgrime la objeción de la preeminencia:

> *la religión histórica y socialmente predominante en nuestro país es la católica y por tanto se debería ofrecer al menos esta opción en la enseñanza oficial, para que la mayoría de los ciudadanos puedan satisfacer sus inquietudes de educar moral y religiosamente a sus hijos.*

Pero el argumento de las mayorías, además de no resolver el asunto del respeto a la pluralidad, es un argumento muy débil y volátil. Hoy en día el incremento de la diversidad y de la secularización en nuestra sociedad es un hecho incuestionable. Todos los estudios recientes, como el elaborado por María del Mar Griera y Ferran Urgell[7], que presentaron los sociólogos Joan Estruch y Salvador Cardús a finales del año 2002, evidencian una creciente diversificación de las formas de creencia, y todas las encuestas llevadas a cabo por entidades solventes entre los jóvenes sobre creencias y valores durante los últimos años, como la publicada en septiembre de 1999 por la Secretaría General de Juventud de la Generalitat de Catalunya[8], basada en datos de 1988, o la realizada en diciembre de 2001 por el Centro de Investigaciones Sociológicas (CIS) en colaboración con el Instituto de la Juventud (INJUVE)[9], confirman un aumento imparable de la increencia en nuestro país, especialmente acusado entre los segmentos jóvenes de la población. Según la primera de estas encuestas son ya más del 25% los jóvenes catalanes de entre 15 y 29 años que se declaran abiertamente ateos o agnósticos, cosa impensable hasta hace poco, pero es que si a éstos les añadimos los que se autodeclaran indiferentes ante la cuestión de la "dimensión religiosa" entonces superan la mitad de la población, mientras que los que se declaran católicos, sin precisar más detalles, no alcanzan el 40% del total. En la segunda encuesta, referida a datos sobre jóvenes de la misma franja de edad de todo el Estado, los datos son menos acentuados, pero aun así muestran unos valores de increencia entre la juventud muy superiores a los que aparecen en el conjunto de la población, como refleja otra encuesta efectuada en enero de 2002, tan sólo un mes después, también por el CIS[10]. Datos como éstos deberían hacer reflexionar a aquellos que reclaman privilegios en base a argumentos de preeminencia, porque la diversidad y la increencia avanzan rápidamente, sobretodo entre los sectores más jóvenes de la población, lo que podría conducir a un cambio de escenario radical en un futuro no demasiado lejano.

Pero, en cualquier caso, la apuesta por la laicidad no pasa por sustituir una ideología o una creencia por otra. La preeminencia no puede convertirse jamás en el argumento para introducir ninguna ideología en el sistema de educación oficial, porque lo que está en juego es la esencia misma de las libertades, y en tal caso el Estado, como representación democrática de la voluntad del pueblo, debe erigirse en valedor de la libertad de los ciudadanos y velar por los intereses de todos y no tan solo por los de determinadas mayorías. Es más, si por algún colectivo está obligado el Estado a velar con mayor cautela es precisamente por el más desguarnecido, por aquellos que corren el riesgo de ver pisoteados sus derechos en nombre de los intereses de una supuesta mayoría... que después en la práctica tampoco resulta tan fácil de verificar, no en vano la confidencialidad de la ideología y las creencias religiosas es otro de los "derechos fundamentales" garantizados por la Constitución, que en su artículo 16.2 dice: "Nadie podrá ser obligado a declarar sobre su ideología, religión o creencias". Lo cual nos conduce a otro callejón sin salida, pues la "obligación" de tener que elegir públicamente por una u otra opción dentro de la educación oficial conculcaría otro "derecho fundamental" de los ciudadanos, como se desprende también de una reciente sentencia del Tribunal Superior de Justicia de Catalunya, que anula la obligación de los padres o tutores de manifestar, en el momento de realizar la preinscripción en las escuelas, si desean o no enseñanza religiosa para sus hijos.

Llegados a este punto no entraré ya en otros aspectos colaterales de la cuestión, como los del coste económico de la aplicación de tales medidas, en cómo se establecería la oferta para cada centro o en cómo se decidiría la capacitación de los profesores para impartir las doctrinas-asignaturas, es decir quién —el Estado, las iglesias, las organizaciones, los padres o una combinación de factores— sería el responsable de decidir y controlar si un profesor debe de tener o no una capacitación específica para poder enseñar contenidos de doctrina católica, de culto a Krishna, de paganismo o de ética materialista por mencionar sólo una muestra, y cuáles serían esos requisitos. Para la Iglesia católica todo esto no merece la más mínima preocupación, sencillamente porque parte de la confianza de que con el sistema actual seguirá siendo la jerarquía eclesiástica, en base a los acuerdos con la Santa Sede y a su poderosa influencia, la que establecerá los contenidos, decidirá los materiales didácticos y seguirá designando el profesorado, y que será el Estado —o sea en este caso sí democráticamente el conjunto de los ciudadanos— el que se hará cargo de la contratación y de los gastos. La posibilidad de introducir como asignaturas en los planes de estudios otros sistemas religiosos o morales diferentes al catolicismo se ha ido demorando de forma inexplicable, dada la situación actual, pero ahora ya está sobre la mesa. Algunas confesiones declaradas de "notorio arraigo", como la islámica, la protestante y la judía ya han empezado de forma progresiva a impartir sus enseñanzas en los centros educativos, mientras otras confesiones, que han accedido recientemente a ese estatus privilegiado, aspiran a poder hacerlo en breve. Ante este panorama tan solo nos queda la duda de que "garantizar el derecho a la formación religiosa y moral" signifique que el Estado deba hacerse cargo de ella organizativa y económicamente.

NOTAS

1. Bertrand Russell, *Por qué no soy cristiano*, Edhasa, 1977.
2. Gonzalo Puente Ojea, "El laicismo, principio indisociable de la democracia", *La andadura del saber*, Madrid, Siglo XXI de España Editores, 2003.
3. Javier Otaola, *Laicidad. Una estrategia para la libertad*, Barcelona, Edicions Bellaterra, 1999.
4. Gregorio Peces Barba, "Pluralismo y laicidad en la democracia", *El País*, 27 de noviembre de 2001.
5. John Rawls, *Teoría de la justicia*, México, Fondo de Cultura Económica, 1978.
6. B. Russell, *Op. cit.*, p. 66.
7. Maria del Mar Griera y Ferran Urgell, *Consumiendo religión: un análisis del consumo de productos con connotaciones espirituales entre la población juvenil*, Barcelona, Fundación "La Caixa", 2002.
8. S. A. Gabise, *Enquesta a la joventut de Catalunya 1988*, Secretaria General de Joventut. Departament de Cultura de la Generalitat de Catalunya.
9. Centro de Investigaciones Sociológicas, *Valores y creencias de los jóvenes. Estudio número 2440*, Madrid, diciembre de 2001.
10. Centro de Investigaciones Sociológicas, *Actitudes y creencias religiosas. Estudio número 2443*, Madrid, enero de 2002.

CAPÍTULO 4

SOCIEDAD PLURAL Y LAICIDAD

Al abordar la relación entre los poderes públicos y las confesiones religiosas se produce con cierta frecuencia una "confusión" que puede llegar a ser muy peligrosa para la salud democrática de nuestra sociedad. Es la convicción, muy extendida, de que es necesario proteger la presencia de la religión en el ámbito público porque la sociedad "no es laica, sino plural". Esta afirmación se basaría en el supuesto de que la laicidad es una especie de ideología que busca expulsar la religión de la vida pública... algo totalmente alejado de la realidad.

Al hablar de laicidad, cuando alguien contrapone los términos laica y plural está pervirtiendo el verdadero sentido de las palabras, porque la sociedad, como conjunto de individuos con sus inevitables y enriquecedoras diferencias, no tiene ni puede tener nunca una posición única y exclusiva sobre éste ni sobre ningún otro asunto relevante. La sociedad no es un ente dotado de voluntad propia para discernir una opinión homogénea ni mucho menos, como es obvio, para adoptar una opción ideológica determinada. Se trataría pues de una "argucia" para hacernos creer que si la sociedad, como todos o casi todos la entendemos, es plural, según esta tesis no podría ser laica.

Pero el término "laica", aplicado a la "sociedad", debería entenderse precisamente al revés. Es decir, que si la sociedad es plural y queremos que continúe siéndolo, entonces debería ser indefectiblemente laica para poder garantizar la pluralidad y preservar el derecho de todos los ciudadanos, por igual, a profesar o sostener las creencias y opiniones que más les plazcan, siempre y cuando sean al mismo tiempo respetuosas con los demás y, por supuesto, con sus derechos. ¡Y esto y nada más que esto es la laicidad! Cuando alguien afirma que la sociedad es plural, es decir, que no es homogénea —que no es atea, católica o budista mahayana, tanto da, pero no laica—, lo que manifiesta es simplemente que los ciudadanos tienen opiniones diversas. El término laica no significa aquí que los individuos se identifiquen con una opción de conciencia concreta, o antireligiosa como parece insinuarse a veces, sino que el espacio público, aquél que representa el interés común, que pertenece a todos los ciudadanos, no puede ser patrimonio de ningún grupo concreto ni de ninguna ideología determinada, ni que sea mayoritaria. Aún menos en tal caso, porque la neutralidad es una condición indispensable para garantizar el respeto a la existencia de las minorías.

En este contexto "Estado laico" equivaldría a "Estado aconfesional", neutral ideológicamente y respetuoso con todas las opciones legítimas en los términos antes citados, que es el modelo establecido por la Constitución española. Y esto puede conseguirse de igual modo tanto desde un marco en el que las instituciones públicas estén muy dispuestas a colaborar con esta realidad social, como desde otro en el que lo estén muy poco, siempre y cuando las reglas del juego sean las mismas para todos. La paradoja es precisamente que aquellos que reclaman más implicación de los poderes públicos en estos asuntos lo hacen con frecuencia sólo para exigir la promoción y la financiación directa —que en definitiva es lo que cuenta de verdad— de una única opción de conciencia...

En nuestro caso concreto tampoco resulta suficiente con mantener por inercia el marco actual, porque ello supone la pervivencia de injusticias y privilegios ilegítimos heredados de un pasado lamentable que es preciso superar y que son contrarios a las más elementales normas de convivencia democrática... ¡Pero en demasiadas ocasiones la costumbre termina por engendrar hábitos poco edificantes y conduce a confundir el hecho con el derecho!

El laicismo no es una ideología interesada, como a veces se intenta hacer creer, no es contrario a la religión. Es el movimiento que promueve la instauración de la laicidad, que postula la autonomía del individuo, la libertad de conciencia —no la restringida libertad religiosa recogida a disgusto por el Concilio Vaticano II— y la igualdad de derechos de todos los ciudadanos. En consecuencia, la laicidad defiende la neutralidad del espacio público y el mismo respeto para las minorías que para las mayorías.

La frecuente dicotomía entre laicidad y laicismo no es más que una burda manipulación, interesada en presentar una laicidad positiva, abierta, aceptable socialmente, que colabora estrechamente con las confesiones religiosas —o con alguna de ellas— y que admite sumisa sus privilegios económicos y sociales, enfrentada al laicismo o a una laicidad negativa, cerrada, que buscaría excluir la religión de la vida pública... Pero todo esto proviene de otra lamentable "confusión", porque el ámbito "público" que la laicidad trata de preservar no se refiere a la lógica dimensión social de toda ideología o religión, perfectamente respetable pero que formalmente pertenece a la esfera privada de las personas, sino a la dimensión pública representada por las instituciones del Estado. Por eso uno puede ser creyente, agnóstico o ateo, de cualquier tipo o modalidad y partidario de la laicidad, o bien optar por el confesionalismo entendido en el sentido más retrógrado y negativo del término.

La religión puede ser decisiva para la vida de muchas personas, igual que para otras, como sucede en mi caso, puede no serlo en absoluto, más allá de lo que sería una cierta influencia sociocultural. Se trata de una elección personal. Lo que sí es preciso garantizar en una sociedad plural y democrática es la laicidad, el derecho de todos los ciudadanos a poder escoger y vivir su propia opción de conciencia con entera libertad. Salvo que alguien pueda pensar que la sociedad sólo debería permitir aquello que él considere conveniente… y entonces eso ya sería más peligroso.

CAPÍTULO 5

UN PAPA DEL PASADO, CON ADEMANES MODERNOS

Ahora que Juan Pablo II forma parte ya de la historia, de la historia con mayúsculas, esa que se escribe tras el fallecimiento de los actores porque la muerte impide que su vida pueda ser ya reescrita por los propios protagonistas, considero oportuno proponer un punto de vista algo distinto, incluso disidente, sobre su pontificado, ciertamente un contrapunto al elogio monocorde al que hemos asistido de forma casi universal en los medios de comunicación desde su fallecimiento.

El Papa es sin duda un personaje importante, al margen de sus cualidades personales. Es el jefe espiritual de la confesión religiosa más numerosa e influyente del mundo y ya por esa sola razón está inevitablemente sometido a la permanente mirada escrutadora de la opinión pública, pero es también de forma indisociable el jefe del Estado vaticano y de una vasta e intrincada organización política y económica que cuenta con intereses en muchos campos. Posiblemente la mayor organización del mundo exceptuando unos pocos estados. Como tal es obvio que goza de un poder inmenso, tanto fáctico como efectivo, y por ello no debe extrañarnos que durante sus más de veintiséis años de pontificado su misión principal haya consistido en defender los intereses de una entidad de semejante calado y complejidad. Limitarnos ahora a admirar y a alabar la figura del pontífice como un ser beatífico dedicado a los asuntos espirituales puede ser suficiente para algunos fieles incondicionales, pero no deja de ser una simplificación poco rigurosa.

El Papa ha defendido los intereses de la Iglesia, pero de un modelo de Iglesia de corte conservador, más preocupada por mantener su poder temporal que por impulsar su carácter espiritual. Nada de eso ha sido accidental. Como tantas veces sucede en la historia Karol Wojtyla ha sido un hombre de su tiempo, un hombre de resistencia, preparado para combatir al comunismo en su propio terreno por su hostilidad declarada hacia la Iglesia y la religión en general, y para preservar la tradición católica limitando el alcance de la apertura iniciada con el Concilio Vaticano II, manteniendo la cohesión de la doctrina y la disciplina de todos los sectores de la Iglesia. En esto ha sido altamente efectivo, pero sin duda alguna conservador. También ha sabido aprovechar el poder de los nuevos medios de comunicación, pero se ha quedado sólo en la forma, convirtiendo sus innumerables viajes y apariciones públicas en un espectáculo mediático carente de contenido, buscando la adhesión acrítica de los fieles y de los adeptos más jóvenes e incondicionales, pero cerrando la puerta a cualquier crítica y discrepancia, interna y externa.

En esto último ha sido especialmente contundente. Ha cortado de raíz con mano firme cualquier asomo de disidencia. Con la inestimable colaboración del entonces todavía cardenal Ratzinger —hoy papa Benedicto XVI— al frente de la Congregación para la Doctrina de la Fe —la antigua Inquisición— combatió la teología de la liberación surgida en América Latina como respuesta, en clave marxista —y por ese mero hecho herética para él—, a las miserables condiciones de vida de amplios sectores de la población, y condenó a sus impulsores al ostracismo. Teólogos prestigiosos como Gustavo Gutiérrez, Leonardo Boff, Hans Küng, Edward Schillebeeckx o incluso más recientemente el español Juan José Tamayo fueron destituidos de sus cátedras y relegados al silencio para consternación de muchos católicos que ansiaban un compromiso mayor con los pobres. Algunos reconocidos miembros de la Iglesia como Pere Casaldáliga, obispo de Sao Félix de Araguaia, en el Mato Grosso, fueron amonestados. El conocido episodio de escarnio público sufrido por el sacerdote y ministro de cultura del gobierno sandinista Ernesto Cardenal, postrado de rodillas soportando la humillante reprimenda del pontífice en pie con el dedo alzado durante su visita a Nicaragua en 1983, dio la vuelta al mundo. Pero no debemos olvidar que a Juan Pablo II tampoco le tembló el pulso en 1988 para excomulgar "por hereje" al ultraortodoxo cardenal Marcel Lefevre, después de ordenar a cuatro obispos sin contar con la aprobación de Roma.

El pontificado de Juan Pablo II ha sido sin embargo profundamente contradictorio. Ha pronunciado grandes declaraciones en defensa de la paz mundial, del diálogo entre las religiones y de los derechos humanos, pero después se ha limitado a defender los intereses corporativos de la Iglesia católica, dejando casi siempre de lado a los afectados: violaciones por religiosos en África, miles de casos de abusos sexuales por parte de sacerdotes en EEUU y en otros países, negativa al uso del preservativo a pesar de la extensión imparable del sida, condena de la guerra pero respaldo a sus promotores y crítica feroz a aquellos que se oponen a la guerra pero cuestionan los privilegios de la Iglesia...

Pero por encima de todo ha sido un Papa que no ha sabido comprender los retos de la modernidad, que sí ha sabido utilizar los recursos técnicos que ésta le proporcionaba pero no articular un discurso consistente para responder a las necesidades del futuro, lo que en muchos ámbitos, a pesar de las multitudes, le ha alejado definitivamente de la sociedad de nuestro tiempo. A muchos les puede parecer paradójica esta afirmación, pero que no se lleven a engaño, el difunto Papa nunca asumió los avances científicos y tecnológicos que se iban sucediendo ni sus consecuencias prácticas, sobretodo en el campo de la reproducción asistida y la investigación genética.

Tampoco asumió los cambios sociales, reflejados en las costumbres y hábitos de los ciudadanos, que han comportado cambios importantes en la moral socialmente aceptada y en las formas de organización familiar. Pero lo peor es que jamás asumió el concepto que fundamenta el pensamiento moderno y la organización política y social de nuestro tiempo: el respeto por la libertad del individuo.

Juan Pablo II fue un Papa del siglo XX que ideológicamente entronca con la tradición absolutista de la Iglesia en la línea de Pío IX, León XIII o de Pío XII. Dentro de la Iglesia no ha concedido el menor grado de libertad doctrinal, pero tampoco ha aceptado ninguna evolución en asuntos seculares: no ha reconocido la igualdad de la mujer a pesar de ensalzarla constantemente y la ha relegado a un rol puramente subsidiario del hombre; se ha negado a considerar el posible matrimonio de los sacerdotes, lo que aunado a la imparable falta de vocaciones ha conducido a la Iglesia —a juicio de teólogos como Küng— a una situación insostenible; se ha opuesto decididamente a la menor democratización de las estructuras políticas de la Iglesia, que sigue contando con una organización absolutista de corte medieval, antidemocrática, que no conoce siquiera la separación de poderes y que no garantiza los derechos humanos más elementales que con tanto ahínco afirma defender; un pontificado que se ha centrado en reforzar el centralismo de la Iglesia y el poder papal.

El balance no es más favorable cuando observamos la situación desde el "exterior". El Papa no ha reconocido nunca el derecho a la libertad de conciencia, sólo de modo formal ha tolerado la libertad religiosa que ya introdujo el Concilio Vaticano II, y sólo en aquellos lugares donde la Iglesia católica resultaba perjudicada, nunca cuando contaba con una posición preeminente y era ella la que impedía a otros el ejercicio de dicha libertad. Jamás ha aceptado la autonomía moral de los no creyentes y por tanto ha sido incapaz de comprender el proceso de secularización de Europa, que sigue avanzando inexorable a pesar de las demostraciones multitudinarias.

Ha predicado un acercamiento ecuménico e interreligioso —nunca hacia la increencia— pero sin aceptar la menor disminución de la autoridad papal y del papel de la Iglesia católica, es decir, sin buscar un acercamiento sincero, sino con la esperanza de recuperar su influencia sobre sectores alejados de Roma o perdidos en la noche de los tiempos. El encuentro de Asís en 1986, con foto incluida y que llegó a escandalizar a algunos miembros de la curia quedó sólo en eso, en una mera fotografía. Las propuestas de acercamiento de los sectores progresistas se han estrellado con la tajante negativa a cualquier reconocimiento de los sacerdotes de otras confesiones y a la posibilidad de compartir la eucaristía. Los deseos de viajar a Rusia chocaron con el lógico recelo de la Iglesia ortodoxa, que veía en la actitud del Papa una excusa para la penetración de los católicos en lo que consideraba su zona "natural" de influencia.

A las puertas del jubileo del año 2000 pidió reiteradamente perdón por los sufrimientos provocados por unos etéreos "hijos de la Iglesia", nunca por la Iglesia como organización ni por la actuación de sus antecesores, sin aceptar jamás un análisis imparcial de los hechos, sin contar con los afectados, sin ofrecer ninguna reparación y sin adoptar medidas para prevenir la repetición de tales "errores". La pregunta resulta inevitable, entonces ¿para qué? ¿Para lavar la propia conciencia? ¿Para sacudirse antiguas responsabilidades? En 1986 el Papa visitó la sinagoga de Roma, y en el año 2000 durante su viaje a Tierra Santa visitó el museo del holocausto y rezó en el Muro de las lamentaciones, pero eludió cualquier análisis razonable respecto al papel jugado por la Iglesia ante el fascismo y el nazismo, un tema tabú, como se demostró en 2002 con las airadas protestas por el estreno de la película *Amén* de Costa-Gavras. Sobre la responsabilidad de la Iglesia católica en la gestación del antisemitismo, sobre cómo contribuyó a la llegada al poder de los nazis —fue el primer Estado en reconocer al régimen nacionalsocialista con la firma de un concordato en 1933—, sobre el hilarante silencio de Pío XII ante un holocausto que conocía perfectamente y otros pormenores, silencio total.

En su alejamiento de la modernidad tampoco ha reconocido nunca el principio de separación entre el Estado y la Iglesia. Ha sido incapaz de asumir la diferencia entre derecho civil y magisterio moral, no ha aceptado nunca que el poder político es nominalmente independiente del religioso y que la soberanía política reside en el pueblo, en los ciudadanos, y no en Dios. No ha querido reconocer que el objetivo del laicismo es garantizar la libertad del espacio público y no ha estado nunca dispuesto a aceptar que la Iglesia pudiese perder ninguno de los privilegios políticos y económicos que disfrutaba dentro de los estados, en definitiva porque nunca ha terminado de aceptar la democracia como algo propio, sino como un mal menor frente a ciertos totalitarismos, pero siempre en función del papel que reservara a "su" Iglesia. Las incansables reclamaciones y maniobras políticas para lograr una mención al cristianismo en la Constitución europea manifestaban la desesperación por preservar unos privilegios que poco tenían que ver con esa aureola de espiritualidad...

Todo ello acompañó una etapa final de deterioramiento físico progresivo en la que el Papa ya no parecía capaz de comprender la nueva situación sociopolítica y geoestratégica que surgía del nuevo orden mundial provocada por la caída del comunismo, la existencia de una potencia única, la aparición del terrorismo islamista y los nuevos equilibrios mundiales, aunque a esas alturas todo ello resultaba ya lógico para un hombre al borde del ocaso. En definitiva, un balance demasiado contradictorio para un personaje tan alabado, pero ya se sabe que a rey muerto, rey puesto, y es que a muchos sectores de la propia Iglesia romana la figura de ese Papa agonizante aferrado al poder empezaba a resultarles ya demasiado incómoda. Así, los fastos de su muerte, casi más que una despedida, semejaron para muchos una catarsis destinada a preparar la llegada de un nuevo pontífice, acaso de verdad el primero del siglo XXI.

CAPÍTULO 6

¿LIBERTAD DE RELIGIÓN O LIBERTAD DE CONCIENCIA?

Una primera versión de este texto fue escrita en su día con motivo de la celebración del 25 aniversario de la entrada en vigor de la "Ley Orgánica de Libertad Religiosa"[1], una de las primeras que vieron la luz en nuestra democracia, y como suele ser habitual en este tipo de ocasiones la efemérides ofrecía una buena excusa para reflexionar sobre los profundos cambios acontecidos en nuestra sociedad desde su aprobación y valorar si resultaba aconsejable o no la renovación de sus contenidos. A pesar del tiempo transcurrido nada significativo ha cambiado en esta cuestión, o al menos nada que permita vislumbrar en el horizonte una solución razonable a los problemas aquí planteados, lo que ha venido a confirmar los peores pronósticos, o las sospechas, a las que apuntaba entonces y, por ende, a corroborar la actualidad de mis planteamientos.

Todavía hoy sorprende constatar que una de las prioridades de la democracia, cronológicamente hablando, fuese legislar sobre la "libertad religiosa", pero para comprenderlo debemos remontarnos unos años atrás. La Constitución española de 1978 estableció en el párrafo primero del artículo 16 que "se garantiza la libertad ideológica, religiosa y de culto de los individuos y las comunidades sin más limitación, en sus manifestaciones, que la necesaria para el mantenimiento del orden público protegido por la ley"; y en el párrafo segundo que "nadie podrá ser obligado a declarar sobre su ideología, religión o creencias".

Los sutiles matices entre ambas fórmulas no parece que induzcan a establecer ninguna diferencia reseñable entre las libertades mencionadas, ni siquiera en función de su carácter o no religioso. Sin embargo, algo no termina de encajar en todo ello cuando el posterior desarrollo orgánico que se deriva de ese enunciado constitucional es una Ley de Libertad Religiosa "a secas".

En una conferencia pronunciada a finales de junio de 2005 en Madrid el juez Jiménez de Parga, expresidente del Tribunal constitucional, decía que "la libertad religiosa ha sido considerada por la jurisprudencia como una concreción de la libertad ideológica". Resulta pues un tanto paradójico que formando parte la libertad ideológica, junto con la religiosa, de los derechos fundamentales reconocidos por la Constitución, que según el artículo 53 vinculan a todos los poderes públicos, y según el 81 son regulados mediante leyes orgánicas, se proceda a desarrollar de ese modo tan sólo una de dichas acepciones, la de "libertad religiosa", dejando a la "ideológica" en un completo olvido. ¿Amnesia u omisión? Es revelador el artículo 1 de la propia Ley de Libertad Religiosa: "El Estado garantiza el derecho fundamental a la libertad religiosa y de culto, reconocida en la Constitución." De la libertad ideológica, ni rastro. Todo ello sin explicar por qué se hace necesario regular sólo una de esas libertades y sin que exista una definición previa que delimite el ámbito de la libertad religiosa. Quizá por eso el artículo 3 de dicha ley se apresura a precisar que

> quedan fuera del ámbito de protección de la presente Ley las actividades, finalidades y entidades relacionadas con el estudio y experimentación de los fenómenos psíquicos o parapsicológicos o la difusión de valores humanísticos o espiritualistas u otros fines análogos ajenos a los religiosos.

Se excluyen así aquellas opciones que queden al margen de lo que el legislador buenamente entienda como "religioso". Se trata de blindar en lo posible esos imprecisos límites.

También decía Jiménez de Parga que, de acuerdo con el artículo 10.2 de la Constitución, el Tribunal constitucional ha interpretado el contenido de la libertad religiosa

> *de conformidad con la Declaración Universal de Derechos Humanos y de los Tratados y Acuerdos Internacionales ratificados por España.*

Pero lo que no decía es que en todos esos acuerdos y tratados, tanto en la citada Declaración Universal de 1948 como en el Convenio Europeo para la protección de los Derechos Humanos y las Libertades Fundamentales de 1950, el Pacto Internacional de Derechos Civiles y Políticos de 1966, la Declaración sobre la Eliminación de todas las formas de Intolerancia y Discriminación fundadas en la Religión o las Convicciones de 1981, o la Carta de Derechos Fundamentales de la Unión Europea de 2000, aprobada en Niza sin carácter vinculante e incorporada al texto de la Constitución europea —en un limbo legal desde que su ratificación fuese rechazada por Francia y Holanda—, jamás se habla de la libertad religiosa como entidad independiente, tal como de hecho sucede en la Constitución española. Todos esos textos se refieren siempre, sin excepción, a la "libertad de pensamiento, de conciencia y de religión", a las que conceden idéntico tratamiento y valor legal. En este sentido es importante recordar que el Comité de Derechos Humanos de las Naciones Unidas señaló en 1993 que la libertad de pensamiento y la libertad de conciencia debían protegerse de igual modo que la libertad de religión y de creencias.

¿De dónde surge entonces esta interpretación autónoma de la libertad religiosa con respecto de la libertad ideológica, o de la libertad de conciencia, que se da en la legislación española? La respuesta es clara, de la doctrina de la Iglesia católica. Es cierto que si

nos remontamos en la historia podemos encontrar algunos precedentes, ya en Roma y otras civilizaciones antiguas se reconoce una
cierta libertad de cultos, pero esa tolerancia, como apuntó Max
Weber[2], obedeció siempre a razones políticas o estratégicas.

En el siglo XVI la reforma protestante apeló a la conciencia
como criterio para fundamentar su doctrina de la justificación por
la fe, pero la libertad de conciencia a la que se refiere es exclusivamente la "libertad" del creyente para seguir el mandato divino, no
para sostener las convicciones que mejor se ajusten a su modo de
pensar, ya que esa mera idea resultaba inconcebible para la época.
La única aportación novedosa —aunque revolucionaria— que introduce por tanto la reforma en este aspecto es el recurso a la propia
conciencia como fuente de legitimidad moral, como vía para alcanzar la "salvación", frente a la autoridad del estamento eclesiástico
aceptada hasta aquel entonces. Se trata pues de una conciencia
inevitablemente mutilada ya en su origen por la idea preconcebida
de una "verdad" natural establecida por Dios, a la que es preciso
obedecer sin discusión. Aún así hay que reconocer que de esta
noción de libertad de conciencia, circunscrita a una sesgada interpretación de la libertad religiosa, derivaría tras un largo recorrido,
pese a sus limitaciones intrínsecas, el concepto de libertad de conciencia tal como lo entendemos hoy en día.

Por contra, el verdadero origen de la interpretación de la
libertad religiosa sostenida por la Iglesia católica hay que buscarlo,
más que en el recurso a la conciencia individual, en la imperiosa
necesidad de poner fin a las interminables luchas entre católicos y
protestantes que desangraron Europa tras la reforma de Lutero, y
en la consiguiente necesidad de establecer unas bases que permi-
tiesen organizar la coexistencia pacífica de la sociedad en torno a
una mínima "tolerancia".

Uno de los primeros logros en este lento proceso de aceptación
progresiva de la tolerancia lo constituye la denominada Paz de

Augsburgo, promulgada por la Dieta del Imperio alemán y firmada por Carlos V en 1555 tras la rebelión de los príncipes alemanes contra su autoridad, que supuso la división del Imperio en dos mitades según la religión predominante, católica o protestante, y permitió a los príncipes escoger entre ambas —por supuesto no entre otras opciones distintas—, aunque esa "libertad" estaba referida sólo a la libertad del príncipe, no a la del individuo, ya que el vasallo debía asumir la religión de su señor: *cuius regio, eius religio* —del Señor de la región, es la religión—. También el Edicto de Nantes, proclamado por Enrique IV en 1598, autorizando la libertad de culto en determinados territorios para acabar con las matanzas entre católicos y hugonotes en Francia y salvaguardar la coexistencia pacífica entre ambas comunidades, permitió un primer atisbo de tolerancia, pero entendida como suspensión del "derecho de ingerencia" sobre el otro para imponerle la "verdad".

El acontecimiento que permitió consolidar definitivamente en Europa esa idea de tolerancia como necesidad de permitir el "error" del otro para evitar un daño todavía mayor, siempre con un sentido de resignación o de "renuncia" expresa a tratar de imponer el culto propio al adversario más que de "respeto" hacia su opinión, es la Paz de Westfalia, que en 1648 puso fin a las guerras de religión que asolaron el continente durante treinta años y trajo consigo el reconocimiento formal de la libertad de religión, como medio para hacer posible la convivencia.

Por su parte John Locke[3], consciente de la tragedia que habían supuesto esas mismas guerras, defendió la necesidad de separar fe y poder civil, y abogó por permitir a los ciudadanos practicar su propia religión sin interferencia del Estado. Sin embargo, esa tolerancia tampoco puede asimilarse a nuestra libertad de conciencia actual, porque Locke excluyó de ella tanto a los católicos por "intolerantes", como a los ateos por apartarse de la "verdad natural". Aún así sus ideas, junto con las de otros pensadores y con la influencia significativa de las comunidades puritanas que habían emigrado al "nuevo mundo" huyendo de la intolerancia religiosa que reinaba en sus países de origen, inspiraron a los "padres fundadores" de la democracia americana, quienes establecieron la separación de la Iglesia y el Estado en la Primera Enmienda de su Constitución.

Otros autores posteriores, como Pierre Bayle[4], introducen a finales del siglo XVII la idea de conciencia como "verdad según se manifiesta a cada uno", abriendo el camino para que la ilustración en el siglo XVIII y el pensamiento liberal en el XIX acaben por establecer el concepto moderno de libertad de conciencia como sin más límite que el imprescindible para evitar que pueda causar algún perjuicio al prójimo.

> *la libertad en el más amplio sentido, la libertad de pensar y sentir, la libertad absoluta de opiniones y pareceres acerca de cualquier materia práctica o especulativa, científica, moral o teológica* (John Stuart Mill, 2004).

La libertad de conciencia implica por consiguiente algo más que la tolerancia de cultos, está asociada al reconocimiento de las libertades individuales, al concepto de ciudadanía, a la igualdad de derechos y a la defensa del carácter autónomo y libre de la razón, y eso nos remite, como en tantos otros fundamentos del pensamiento moderno, a la Ilustración y a los movimientos liberales surgidos de la revoluciones del siglo XVIII. La idea de libertad religiosa se mantiene por contra dentro del ámbito de la "tolerancia", de la necesidad de aceptar con resignación el "error" del prójimo para hacer posible la convivencia, pero sin reconocer su legitimidad a defender opiniones contrarias a las reveladas por Dios mediante la "ley natural".

La Iglesia católica permaneció anclada en esta negativa visión de la libertad religiosa hasta bien entrada la segunda mitad del siglo XX, considerando que la libertad religiosa era una consecuencia indeseada de la ruptura de la unidad católica y en cierta forma un triunfo parcial de la reforma protestante, oponiéndose a reconocer semejante derecho a la sociedad civil en aquellos lugares donde era mayoritaria, y aceptando tan sólo su ejercicio, como fórmula inevitable de subsistencia, donde se encontraba en minoría. Por eso nuestro país, bajo la influencia secular de la tradición católica, salvando algunos breves episodios, se mantuvo hasta épocas muy recientes ajeno a los nuevos aires de libertad e ignoró por completo no sólo la idea de libertad de conciencia, sino también la de libertad de religión.

En España, la victoria del bando nacional en la Guerra Civil en 1939 condujo a la instauración del "nacionalcatolicismo". Este régimen de carácter confesional quedó definitivamente instaurado mediante la Ley de 17 de julio de 1945 que promulgaba el Fuero de los Españoles, y que establecía en su artículo 6 la religión católica como la propia del Estado —y por ende de sus ciudadanos—, si bien mantenía una tolerancia restringida para el ejercicio en privado de otros cultos:

La profesión y la práctica de la Religión Católica, que es la del Estado español, gozará de protección oficial. Nadie será molestado por sus creencias religiosas ni el ejercicio privado de su culto. No se permitirán otras ceremonias ni manifestaciones externas que las de la Religión Católica.

Este estado de cosas con respecto a la religión se mantendría inalterable en España durante todo el pontificado de Pío XII, de tal modo que el Concordato firmado el 27 de agosto de 1953 entre el Estado franquista y la Iglesia católica aún empezaba diciendo que "La Religión Católica, Apostólica, Romana, sigue siendo la única de la Nación española".

Pero en la década de los años sesenta se produjo un acontecimiento que supuso un punto de inflexión en la consideración de la libertad religiosa —que no de conciencia— por parte de la Iglesia católica, y que tendría una repercusión inmediata sobre su *estatus*

99

legal en España. Tras la muerte de Pío XII en 1958 es elegido papa Juan XXIII. Su avanzada edad —contaba entonces con 77 años— hizo pensar en un primer momento que el suyo sería un pontificado corto, de "transición". En cambio el nuevo papa albergaba en su interior una idea muy clara, estaba convencido de que era necesario renovar la Iglesia y su forma de entender la relación con el mundo con el fin de incorporarla a la modernidad, lo que se llamó entonces el *aggiornamento*, y pese a la resistencia de buena parte de la curia, que no veía ninguna necesidad de renovar ni mucho menos de modernizar la Iglesia, convocó para ello en Roma el Concilio Vaticano II.

Durante su corto pontificado Juan XXIII publicó ocho encíclicas, entre ellas *Pacem in terris*, poco antes de su muerte, donde esboza por vez primera dentro de la tradición católica la idea de "libertad religiosa" basada en la "dignidad humana", una libertad concebida como el derecho del hombre "de poder venerar a Dios, según la recta norma de su conciencia, y profesar la religión en privado y en público".

Juan XXIII moriría el 3 de junio de 1963, unos meses después de publicar esta encíclica y de la primera sesión del Concilio, por lo que la mayor parte del mismo transcurrió bajo la dirección de su sucesor, Pablo VI, quien trató de "conciliar" las aspiraciones renovadoras con las tendencias más inmovilistas con el fin de preservar la unidad de la Iglesia. A pesar de ello el Concilio discurrió en medio de un clima predominantemente aperturista que permitió introducir algunas tesis renovadoras. Entre ellas cabe destacar la aprobación, durante la IX y última sesión, celebrada el 7 de diciembre de 1965, de la declaración *Dignitatis Humanae* "sobre la libertad religiosa". Según esta declaración, que tuvo en los años siguientes una relevante trascendencia, "la persona humana tiene derecho a la libertad religiosa", pero no se trata de una reducción de la libertad de pensamiento o de conciencia, sino de una "declaración" por sí misma. Para la Iglesia católica la libertad religiosa no es una expresión particular de lo que el pensamiento moderno denomina libertad de conciencia, sino que la libertad religiosa es la única forma de libertad de conciencia que realmente merece consideración como tal. Toda la *Dignitatis Humanae* transmite la misma idea de que la libertad religiosa es un derecho digno de protección, pero nunca hace alusión al derecho a la libertad de conciencia tal como lo había proclamado la Declaración Universal de Derechos Humanos 17 años antes. Para corroborarlo en su apartado segundo afirma que

> *el derecho a la libertad religiosa está realmente funda-*
> *do en la dignidad misma de la persona humana, tal como se*
> *la conoce por la palabra revelada de Dios y por la misma*
> *razón natural.*

.Aunque ahora pueda parecer un tanto sorprendente, la aceptación de la libertad religiosa, incluso al margen de la libertad de conciencia, supuso un giro radical en la doctrina de la Iglesia. Los sectores más tradicionalistas, como el encabezado por el arzobispo francés Marcel Lefevre —fundador en 1970 de la Fraternidad Sacerdotal de San Pío X y excomulgado en 1988 por Juan Pablo II—, se opusieron a esa idea por considerar que comportaba una "ruptura de la tradición" y que en ella se enseñaban doctrinas explícitamente condenadas por los Papas anteriores. Y de hecho no les faltaba razón, los ejemplos son innumerables y bastante elocuentes...

En la carta *Quod aliquantum*, publicada en 1791 como respuesta a la proclamación por la convención francesa de los Derechos del Hombre, el papa Pío VI condenaba

> *esa libertad absoluta que asegura no solamente el dere-*
> *cho de no ser molestado por sus opiniones religiosas, sino*
> *también la licencia de pensar, decir, escribir, y aun imprimir*
> *impunemente en materia de religión todo lo que pueda suge-*
> *rir la imaginación más inmoral; derecho monstruoso que*
> *parece a pesar de todo agradar a la asamblea de la igualdad*

y la libertad natural para todos los hombres. Pero, ¿qué
mayor estupidez puede imaginarse que considerar a todos los
hombres iguales y libres...?

El papa Gregorio XVI en su encíclica *Mirari vos*, publicada en
agosto de 1832, escribía

> *De esa cenagosa fuente del indiferentismo mana aquella*
> *absurda y errónea sentencia o, mejor dicho, locura (delira-*
> *mentum), que afirma y defiende a toda costa y para todos, la*
> *libertad de conciencia. Este pestilente error se abre paso, escu-*
> *dado en la inmoderada libertad de opiniones que, para ruina de*
> *la sociedad religiosa y de la civil, se extiende cada día más por*
> *todas partes, llegando la impudencia de algunos a asegurar que*
> *de ella se sigue gran provecho para la causa de la religión.*

La misma idea se mantiene inalterable en todos sus sucesores.
Pío IX en *Quanta cura*, aparecida en diciembre de 1864, decía

> *Y con esta idea de la gobernación social, absolutamente*
> *falsa, no dudan en consagrar aquella opinión errónea, en*
> *extremo perniciosa a la Iglesia católica y a la salud de las*
> *almas [...] que "la libertad de conciencias y de cultos es un*
> *derecho propio (o inalienable) de cada hombre, que todo*
> *Estado bien constituido debe proclamar y garantizar como ley*
> *fundamental, y que los ciudadanos tienen derecho a todo tipo*
> *de libertades [...] sin que autoridad civil ni eclesiástica algu-*
> *na puedan reprimirla en ninguna forma.*

Por si no fuese suficiente el mismo Pío IX también incluyó en el
Syllabus —su relación de "errores" del hombre moderno— aparecido
simultáneamente, "15. Todo hombre es libre de abrazar y profesar la
religión que él, guiado por la luz de la razón, considere como verdadera"; "55. La Iglesia debe estar separada del Estado, y el Estado de la

Iglesia"; "77. Al presente, ya no es conveniente que la religión Católica se considere como la única religión del Estado, en exclusión de otros tipos de cultos...

León XIII en la encíclica *Libertas praestantissimum*, de 1888, que Juan XXIII toma como referencia en *Pacem in terris*, no se queda atrás:

> *En primer lugar examinemos, en relación con los particulares, esa libertad tan contraria a la virtud de la religión, la llamada libertad de cultos, libertad fundada en la tesis de que cada uno puede, a su arbitrio, profesar la religión que prefiera o no profesar ninguna. Esta tesis es contraria a la verdad. Porque de todas las obligaciones del hombre, la mayor y más sagrada es, sin duda alguna, la que nos manda dar a Dios el culto de la religión y de la piedad. [...] Por esto, conceder al hombre esta libertad de cultos de que estamos hablando equivale a concederle el derecho de desnaturalizar impunemente una obligación santísima y de ser infiel a ella, abandonando el bien para entregarse al mal. Esto, lo hemos dicho ya, no es libertad, es una depravación de la libertad y una esclavitud del alma entregada al pecado.*

Resulta especialmente significativo, sobre todo por la fecha, el discurso titulado *Ci Riesce*, que el papa Pío XII dirigió a los abogados católicos en diciembre de 1953, sólo cuatro meses después de firmarse el Concordato con España y unos pocos años antes del Concilio:

> *Debe afirmarse claramente que ninguna autoridad humana, ningún Estado, ninguna Comunidad de Estados, de cualquier carácter religioso, puede dar un mandato positivo, o una autorización positiva, para enseñar o para hacer aquello que sería contrario a la verdad religiosa o al bien moral [...] Cualquier cosa que no responda a la verdad y a la ley moral, objetivamente no tiene derecho a la existencia, ni a la propaganda ni a la acción.*

Existen infinidad de textos similares que corroboran el hecho de que hasta el Concilio Vaticano II la tradición de la Iglesia católica había sido no sólo esquiva, sino refractaria a reconocer la libertad religiosa, y abiertamente hostil a la libertad de conciencia. Este cambio ideológico seguramente fue resultado de diversas causas, pero en buena medida puede atribuirse a la necesidad de adaptarse al nuevo escenario social y político surgido tras la Segunda Guerra Mundial. En la España franquista, instalada en un régimen confesional con meras trazas de tolerancia hacia los demás cultos, el giro que supuso el Concilio en materia de libertad religiosa causó verdadero asombro... y un absoluto desconcierto.

En el ámbito doctrinal la declaración *Dignitatis Humanae* introduce aún otra novedad significativa, quizás menos visible que la anterior pero de gran calado, que tendrá un efecto inmediato sobre la legislación civil, ya que en el apartado segundo también manifiesta que "Este derecho de la persona humana a la libertad religiosa ha de ser reconocido en el ordenamiento jurídico de la sociedad, de tal manera que llegue a convertirse en un derecho civil". Y esto es ni más ni menos lo que poco tiempo después, como no podía ser de otra manera, hace sumiso el Estado confesional español.

Es por tanto la promulgación de la declaración *Dignitatis Humanae* por el Concilio Vaticano II lo que conduce de forma incuestionable, en la década de los sesenta, a la reforma en España del régimen de confesionalidad católica y de mera tolerancia con el objeto de incorporar el reconocimiento de la libertad religiosa, que no de conciencia, y la necesidad de recoger este derecho en la legislación civil; añadiendo además que la libertad o inmunidad de coacción en lo religioso de las personas en cuanto a individuos también debe ser reconocida a nivel colectivo.

La introducción de estos principios doctrinales en el ordenamiento jurídico español se inició con la aprobación de la Ley Orgánica de 10 de enero de 1967, que reformaba el artículo 6 del

Fuero de los Españoles para adaptarlo a la nueva situación:

La profesión y práctica de la Religión Católica, que es la del Estado español, gozará de la protección oficial. El Estado asumirá la protección de la libertad religiosa, que será garantizada por una eficaz tutela jurídica que, a la vez, salvaguarde la moral y el orden público.

El proceso de reforma se completó con la introducción de la Ley de Libertad Religiosa de 28 de junio de 1967, que reconocía ya plenamente en su artículo 1 el nuevo marco definido por la declaración conciliar: 1.1 El Estado español reconoce el derecho a la libertad religiosa fundado en la dignidad de la persona humana y asegura a ésta, con la protección necesaria, la inmunidad de toda coacción en el ejercicio legítimo de tal derecho; 1.2 La protección y práctica privada y pública de cualquier religión será garantizada por el Estado sin otras limitaciones que las establecidas en el artículo segundo de esta Ley.

En cualquier caso la nueva ley dejaba claro que el Estado respetaba la libertad religiosa pero continuaba siendo confesional: 1.3 El ejercicio del derecho de libertad religiosa, concebido según la doctrina católica, ha de ser compatible en todo caso con la confesionalidad del Estado español proclamada en sus Leyes Fundamentales; 2.1 El derecho a la libertad religiosa no tendrá más limitaciones que las derivadas del acatamiento a las Leyes; del respeto a la Religión católica, que es la de la Nación española, y a las otras confesiones religiosas...

Este escenario es el que caracterizó la última etapa del franquismo, con una Iglesia católica que mantenía los privilegios derivados de la confesionalidad oficial del Estado pero dentro de un régimen de tolerancia fáctica hacia las demás confesiones que permitía contemporizar con las directrices del Concilio Vaticano II. Todo ello en un período en que la sociedad empezaba de forma tímida, pero cada vez con mayor insistencia, a reclamar más libertad política y en el que cualquier atisbo de libertad, incluso de religión, era interpretado como una amenaza para el régimen.

Esto último generó una fuerte inquietud en las clases dirigentes, incluyendo a buena parte de la jerarquía eclesiástica, lo que espoleó a amplios sectores del catolicismo de base a alinearse con la oposición política, provocando una virulenta reacción del régimen al comprobar que la Iglesia, su principal aliado y valedor, empezaba a flaquear. A pesar de ello la situación se mantuvo sin cambios substanciales y sólo en los últimos años de la dictadura la Iglesia católica, no sin fuertes reticencias, comprendió la necesidad de adecuar su estatus legal a los cambios políticos que se avecinaban.

Una vez fallecido Franco se hizo patente la necesidad de modificar el tratamiento legal de la Iglesia católica para adaptarlo al nuevo orden que empezaba a vislumbrarse. Este proceso se inició con la substitución gradual del Concordato por una serie de acuerdos sectoriales que comenzó en 1976 con la firma del Acuerdo sobre Renuncia a la Presentación de Obispos y al Privilegio del Fuero. Es revelador el preámbulo de este primer acuerdo por cuanto refleja el verdadero "espíritu" del proceso: "considerando que el Concilio Vaticano II [...] afirmó la libertad religiosa como derecho que debe ser reconocido en el ordenamiento jurídico de la sociedad...", lo que no deja lugar a dudas de que los vigentes acuerdos entre España y la Santa Sede se fundamentan en el concepto de "libertad religiosa" tal como lo había definido el Concilio Vaticano II, igual que se había hecho previamente con la regulación de la libertad religiosa durante el régimen confesional. No se trata pues de un hecho circunstancial, sino que responde a un planteamiento claro y preciso de adecuación política de la Iglesia a los nuevos tiempos.

Esa misma concepción es la que subyace en los cuatro acuerdos restantes entre España y la Santa Sede firmados en 1979 y es también, en definitiva, la que inspiró la vigente Ley Orgánica de Libertad

Religiosa, que en 2005 cumplió 25 años. Lo que hace esta ley es seguir las indicaciones del Concilio Vaticano II, prescindiendo del enunciado del artículo 16 de la Constitución —que situaba al mismo nivel la libertad de ideología que la de religión— y regular "sólo" el alcance civil de la "libertad religiosa", escamoteando todo derecho a las opciones de conciencia "no religiosas", que de ese modo quedan fuera de cualquier cobertura positiva y son relegadas a una mera "ausencia de creencias religiosas". No debe sorprender que algunos enunciados de esta ley resulten similares a los de la Ley de Libertad Religiosa de 1967, y que éstos, a su vez, reproduzcan literalmente fragmentos de la declaración aprobada por el Concilio.

Con frecuencia se afirma que la Ley de Libertad Religiosa es el instrumento que garantiza la libertad de creencia en nuestro país, pero eso no es más que una falacia. La Ley de Libertad Religiosa está basada en la doctrina de la Iglesia católica y redactada de espaldas a los principios democráticos que en su día inspiraron el reconocimiento de la libertad de conciencia —y por extensión de ideología— en todos los tratados internacionales promovidos por la Organización de las Naciones Unidas (ONU) y por las instituciones europeas.

Por su parte la Iglesia católica, gracias a los acuerdos entre el Estado y la Santa Sede, anteriores a la Ley de Libertad Religiosa e incluso desde el punto de vista fáctico —y en el primer acuerdo también cronológico— a la Constitución de 1978, goza de un trato privilegiado que desborda ampliamente las atribuciones conferidas por la citada ley orgánica. Todo ello sitúa a los católicos no sólo muy por encima de los no creyentes, sino también de los creyentes de las demás confesiones.

La Ley de Libertad Religiosa establece además en su artículo 7 que el Estado podrá cooperar con aquellas confesiones "que por su ámbito y número de creyentes hayan alcanzado notorio arraigo en España". Un concepto tremendamente ambiguo, amparado en una laxa interpretación del artículo 16.3 de la Constitución, que obedece a razones de carácter sociológico, como el supuesto número de seguidores y la implantación de una confesión, para concederle más o menos derechos positivos. Como consecuencia de su aplicación existen en España, además de la confesión católica, que disfruta de amplios privilegios en virtud de sus acuerdos de carácter internacional, otras tres confesiones: la evangélica, la islámica y la israelita que cuentan desde 1992 con acuerdos bilaterales de cooperación que les confieren un estatus "preferencial" y les permiten, por ejemplo, designar profesores —pagados por el Estado— para impartir sus creencias en las escuelas, ofrecer asistencia religiosa en los centros públicos, el reconocimiento civil de los matrimonios oficiados por sus ministros, la exención del IBI de sus templos y otros beneficios fiscales... Por detrás quedan otras tres confesiones, la Iglesia de Jesucristo de los Santos de los Últimos Días —conocidos popularmente como "mormones"—, los Testigos de Jehová y las comunidades budistas, declaradas de "notorio arraigo" en los últimos años[5] pero que no han llegado a formalizar todavía acuerdos específicos de colaboración con el Estado. A continuación tenemos las confesiones no consideradas de "notorio arraigo", bajo la protección de la Ley de Libertad Religiosa pero sin posibilidad de establecer acuerdos con el Estado y, por descontado, en el último lugar de la cadena, las opciones de conciencia no religiosas.

Partir de estimaciones sobre el "arraigo" de las confesiones religiosas o de las convicciones de los ciudadanos para legislar puede resultar un tanto arriesgado. La propia Constitución protege en el artículo 16.2 contra cualquier obligación de declarar sobre la "ideología, religión y creencias", lo cual restringe toda valoración sociológica al campo de la estadística, que es sin duda un método riguroso para establecer aproximaciones, pero que como criterio para regular derechos fundamentales resulta cuando menos cuestionable. Una muestra de cómo estos criterios pueden ser utilizados parcialmente la hallamos en la respuesta que dio la Adjunta Primera del Defensor del Pueblo, María Luisa Cava de Llano, en el ejercicio de su cargo, a una cuestión formulada a raíz de lo sucedido tras los atentados del 11-M en Madrid, sobre la oportunidad de celebrar funerales de Estado de carácter confesional, para más señas "católicos" en aquella ocasión:

> *teniendo en cuenta que la Iglesia Católica es la única Confesión Religiosa a la que nuestra Constitución hace mención expresa y que cerca del 80% de las ciudadanas y ciudadanos se declaran católicos...*

Parece un poco temerario establecer una correlación automática entre las actitudes y creencias religiosas manifestadas en una encuesta —CIS, enero de 2002— y la pertenencia a una organización religiosa concreta, en este caso la Iglesia católica; cosa por lo demás de dudosa certificación si nos atenemos a los únicos datos objetivos sobre el asunto de los que puede disponer formalmente el Estado, que son los referentes a la declaración anual del IRPF, en los que dicha confesión obtiene, según los resultados de la campaña de 2006, el respaldo tan sólo de un 33% de los contribuyentes —llegando a un "mínimo" del 20% en la provincia de Barcelona—, lo que supone un porcentaje de apoyos muy inferior al obtenido en cualquier encuesta. Este dato resulta aún más significativo si tenemos en cuenta que a los contribuyentes no les supone ningún coste adicional marcar la "casilla" de la Iglesia.

En definitiva, lo que se desprende de ello es que se hace perentorio poner un poco de orden en toda esta cuestión. Por eso empieza ya a ser hora de afrontar con decisión la conveniencia, más de 25 años después de su aprobación, de sustituir la actual "Ley de Libertad Religiosa" por una verdadera "Ley de Libertad de Ideología, de Religión y de Culto", más acorde con la Constitución, o bien por una "Ley de Libertad de Pensamiento, de Conciencia y de Religión" en la línea de los tratados internacionales de protección de los derechos fundamentales subscritos por nuestro país, que ponga de verdad las bases para proteger a todos los ciudadanos y las organizaciones en las que estos se integran por igual, al margen de sus opciones de

conciencia particular, y termine con el oprobio que supone en nuestro país que un católico tenga más derechos que un judío, un protestante o un musulmán, que éstos también tengan a su vez más derechos
que un mormón, un testigo de Jehová o un budista, que éstos disfru-
ten de un trato privilegiado con respecto a un sij, un hindú, un practicante de la fe bahaí o un seguidor de la Iglesia de la Cienciología y que
éstos gocen todavía de una situación legal que les sitúa por encima de
un no creyente o ateo... a pesar de que éstos últimos representen
—según esas mismas estadísticas— el segundo colectivo de nuestro
país en número de "seguidores", superando a los de todas las confesiones religiosas juntas si exceptuamos, claro está, a los católicos...
Siempre que no entremos a considerar su carácter o no de practican-
tes, o su grado de adhesión a la Iglesia "católica", por supuesto.

NOTAS

1. La actual Ley Orgánica de Libertad Religiosa obtuvo la aprobación definitiva del
   Congreso de los Diputados el 24 de junio de 1980, fué sancionada por el Rey el 5
   de julio de 1980 y se publicó finalmente en el boe núm. 177, de 24 de julio de 1980.
2. Max Weber, *La ética protestante y el espíritu del capitalismo*, Madrid, Istmo, 1988.
3. John Locke, *Carta sobre la tolerancia*, Madrid, Tecnos, 2002.
4. Pierre Bayle, *Comentario filosófico sobre las palabras de Jesucristo "oblígales a
   entrar"*, Madrid, Centro de Estudios Políticos y Constitucionales, 2006.
5. La Iglesia de Jesucristo de los Santos de los Últimos Días obtuvo el reconocimiento de "notorio arraigo" en abril de 2003, meses antes de finalizar la etapa
   de gobierno de José María Aznar, mientras que los Testigos de Jehová y la
   Federación de Comunidades Budistas de España lo obtuvieron en junio de
   2006 y en octubre de 2007, respectivamente, durante el período de gobierno
   de José Luis Rodríguez Zapatero.

CAPÍTULO 7

APOSTASÍA, EL DERECHO A ABANDONAR LA RELIGIÓN

La apostasía, en un sentido amplio, es el abandono consciente y voluntario de la religión que se profesa. Tiene que ser una decisión consciente porque sino se trataría más de un distanciamiento, progresivo o transitorio, o bien del incumplimiento de una práctica, pero no de un abandono real. La referencia a la voluntad, por contra, va más asociada a la intencionalidad, a la decisión personal de "desligarse" del compromiso, al deseo de deshacer el vínculo que, de alguna manera, une a los fieles con su "religión". Un término que, así entendido, designa el conjunto más o menos homogéneo de creencias que comparte un grupo de fieles, o seguidores de una determinada fe.

El acceso a una religión se realiza normalmente a través de un rito iniciático que representa el tránsito del individuo a una nueva "vida". En el cristianismo ese tránsito se efectúa mediante el bautismo, una ceremonia durante la cual las faltas o "pecados" cometidos en la vida anterior son eliminados o "lavados" por la acción del agua, que actúa como elemento simbólico purificador —como ya sucede en el judaísmo y otras culturas antiguas con las abluciones y los baños de carácter sagrado—. El bautismo supone pues el "renacer" de la persona a otra vida, libre de pecado; simboliza el principio de un camino que conduce a la "salvación". En general eso comporta la aceptación de la fe en Cristo, la adopción de unas creencias y el ingreso en una comunidad religiosa.

Actualmente, en la tradición católica el bautismo se realiza por "infusión", eso es, se procede a decantar un poco de agua sobre la cabeza del neófito —en otras confesiones cristianas el bautismo se realiza por inmersión parcial o completa, o incluso por aspersión— al tiempo que se pronuncia una invocación ritual que conlleva la absolución de todos los pecados. Según el catolicismo también los recién nacidos, aunque no hayan tenido oportunidad de "pecar" por sí mismos en su breve existencia, deben ser bautizados para redimirlos de la "culpa" que todos los seres humanos "heredan" desde el instante de venir al mundo como consecuencia del "pecado original", cometido por Adán y Eva en el paraíso...

El Catecismo de la Iglesia católica, en el núm. 1213, dice textualmente: "Por el bautismo somos liberados del pecado y regenerados como hijos de Dios, llegamos a ser miembros de Cristo y somos incorporados a la Iglesia y hechos partícipes de su misión".

Por su parte el Código de Derecho Canónico se refiere al bautismo en diferentes ocasiones, en el canon 96 lo hace del siguiente modo: "Por el bautismo, el hombre se incorpora a la Iglesia de Cristo y se constituye persona en ella, con los deberes y derechos que son propios de los cristianos..." el canon 204 dice: "Son fieles cristianos quienes, incorporados a Cristo por el bautismo, se integran en el pueblo de Dios...", y el canon 849: "El bautismo, puerta de los sacramentos, cuya recepción de hecho o al menos de deseo es necesaria para la salvación, por el cual los hombres son liberados de los pecados, reengendrados como hijos de Dios e incorporados a la Iglesia, quedando configurados con Cristo por el carácter indeleble, se confiere válidamente sólo mediante la ablución con agua verdadera acompañada de la debida forma verbal".

En su carta encíclica *Spe Salvi*, publicada el 30 de noviembre de 2007, el Papa Benedicto XVI, en su afán de dar una respuesta a la pregunta sobre qué es la vida eterna, se refiere al bautismo en los siguientes términos:

> *En la búsqueda de una respuesta quisiera partir de la forma clásica del diálogo con el cual el rito del Bautismo expresaba la acogida del recién nacido en la comunidad de los creyentes y su renacimiento en Cristo. El sacerdote preguntaba ante todo a los padres qué nombre habían elegido para el niño, y continuaba después con la pregunta: "¿Qué pedís a la Iglesia?". Se respondía: "La fe". Y "¿qué te da la fe?". "La vida eterna". Según este diálogo, los padres buscaban para el niño la entrada en la fe, la comunión con los creyentes, porque veían en la fe la llave para "la vida eterna". En efecto, ayer como hoy, en el Bautismo, cuando uno se convierte en cristiano, se trata de esto: no es sólo un acto de socialización dentro de la comunidad ni solamente de acogida en la Iglesia. Los padres esperan algo más para el bautizando: esperan que la fe, de la cual forma parte el cuerpo de la Iglesia y sus sacramentos, le dé la vida, la vida eterna.*

A la vista de los textos fundamentales de la Iglesia católica resulta evidente que el bautismo no es pues una simple "fiesta" conmemorativa del nacimiento, no es tan solo un acto de celebración. Es un "sacramento" que mediante la "gracia" del Espíritu Santo convierte en cristianos, con carácter "indeleble", o sea permanente, a aquellos que hasta entonces no lo eran —en su origen los paganos—. Quizás por eso resulta un tanto sorprendente que una persona, por lo general un niño o un recién nacido, pueda ser bautizada sin tener conciencia de la importancia de ese acto —a tales efectos, según el canon 852 "por lo que se refiere al bautismo, el que no tiene uso de razón se asimila al infante"—, incluso en contra de la posible voluntad de sus padres o tutores si se hallase en "peligro de muerte" —al fin y al cabo todos lo estamos—, lo cual en otras épocas ha llegado a tener consecuencias trágicas. La práctica de los bautizos forzados, que hoy puede parecer insólita y anacrónica, ha sido común a lo largo de la historia y ha contado incluso con la directa implicación de papas, como el beatificado Pío IX, promotor del notorio e infame secuestro de Edgardo Mortara, un niño de seis años de edad que a mediados del siglo XIX fue separado de sus padres judíos por haber sido supuestamente bautizado, a escondidas, por una joven pero muy católica cuidadora analfabeta...

El ser humano tiene una marcada e ineludible dimensión social, y en todas las épocas ha establecido celebraciones rituales para conmemorar, festejar y compartir los acontecimientos más relevantes de su vida. De estos rituales, por razones obvias, los más destacados son aquellos que se refieren a las principales etapas de tránsito de la vida de las personas: el nacimiento, la pubertad, el acceso a la edad adulta, la muerte... son experiencias por las que pasamos todos en un momento u otro de nuestra existencia y que constituyen un referente en nuestra trayectoria vital. Por su parte todos los rituales, con el tiempo, se convierten en tradiciones, y la influencia de las tradiciones sobre la vida de las personas puede llegar a ser muy importante. En las sociedades occidentales modernas una buena parte de los ciudadanos únicamente asiste a ceremonias religiosas cuando están relacionadas con este tipo de acontecimientos y, a pesar de ello, todavía conservan un sentimiento de pertenencia cultural a su tradición de origen que de otro modo se habría perdido de forma irreversible.

Las confesiones religiosas son perfectamente conscientes de este hecho y de la utilidad de controlar estas ceremonias para aumentar su influencia sobre la sociedad. Por este mecanismo consiguen que los individuos se acerquen a la religión, se familiaricen con sus ritos y creencias, y los acaben aceptando de forma acrítica, casi "natural". Así se logra afianzar un sentimiento de pertenencia esencial para perpetuar la creencia religiosa y para lograr la adhesión de nuevos adeptos porque, no lo olvidemos, uno de los principales objetivos de la religión, y muy en particular, ya desde sus orígenes, del cristianismo, es precisamente la evangelización, extender su doctrina, su fe —e implícitamente su ascendencia y poder— a todo el género humano.

De este modo la Iglesia católica, igual que otras confesiones cristianas, utiliza una tradición secular, como es el deseo de los padres y familiares de celebrar el nacimiento de sus hijos, para incrementar su penetración social. Muchos padres, por "tradición", bautizan a sus hijos recién nacidos sin darse cuenta de que con ese paso están decidiendo el ingreso de los niños en una comunidad religiosa. Asimismo, la ausencia de alternativas laicas para este tipo de celebraciones favorece la perpetuación de los ritos religiosos y hace que muchos ciudadanos, cuando llegan a la edad adulta, se encuentren adscritos a una confesión religiosa a la que nunca se han adherido voluntariamente y que no se ajusta a sus ideas, mientras las confesiones sacan provecho de esa situación aumentando artificialmente su número de fieles para obtener más peso político y social.

A pesar de ello cada vez hay más personas que empiezan a cuestionarse su "pertenencia" a una organización a la que están adscritos desde su niñez, a menudo más por inercia que por decisión propia, pero con la que no se sienten identificados en absoluto. Este hecho, sumado en los últimos tiempos a la actitud pública de la Iglesia católica o, cuando menos, de sus representantes oficiales, muy alejada de la sensibilidad de amplios sectores de la población, está llevando cada vez a más personas a preguntarse cómo pueden "desligarse" formalmente de una institución que está en clara contradicción con sus valores y sus convicciones. Estas personas, para regularizar su situación y evitar que las confesiones religiosas se sigan beneficiando de su pasividad, pueden optar por abandonar su religión o, en definitiva, por ejercer su legítimo derecho a la apostasía.

La Iglesia católica define por igual la apostasía tanto en su Catecismo, núm 2089, como en el Código de Derecho Canónico, canon 751, y en ambos textos lo hace como "el rechazo total de la fe cristiana" recibida a través del bautismo. La apostasía se puede interpretar por tanto como el abandono explícito y voluntario de los dogmas y creencias supuestamente infusos por el Espíritu Santo durante la ceremonia del bautismo, al margen de que el interesado pudiese entonces tener o no conciencia de ese hecho, y poseer o no capacidad crítica para decidir si deseaba abrazar aquella fe. Es pues una decisión personal que cualquiera puede adoptar libremente y que no necesita de ninguna autorización ni confirmación por parte de nadie... salvo que se quiera obtener un reconocimiento explícito de la misma por parte de la Iglesia o de la confesión implicada, para dejar de constar como miembro de ella a todos los efectos.

En el caso de la Iglesia católica, que es la confesión más extendida y que cuenta con un mayor número de fieles en nuestro país —aunque lo mismo podría aplicarse a las demás Iglesias cristianas y a otras confesiones—, se produce una circunstancia añadida que da mayor significado a la decisión de apostatar, porque esta confesión dispone de un "registro" en cada parroquia donde inscribe a todas aquellas personas que son bautizadas, lo que en cierta forma permite interpretar que "figuran" como católicos. Por eso, a diferencia de lo que sucede con aquellos grupos o confesiones que no disponen de registros similares —aunque los vínculos con la comunidad pueden ser tanto o más fuertes— si alguien desea abandonar la Iglesia católica y ser dado de baja de su "registro", si desea notificarle su decisión de abandonarla para que ésta tenga constancia explícita de ella, o sencillamente si quiere prevenir la posibilidad de que en alguna situación la Iglesia le contabilice como católico o pueda llegar a considerarle como tal, entonces debería efectuar una "declaración de apostasía".

Al margen de las convicciones particulares que cada cual pueda mantener y de que se identifique a sí mismo o no como seguidor de una determinada confesión, la declaración de apostasía es el único método que la Iglesia católica reconoce —al menos en teoría— para que una persona "bautizada" deje de pertenecer a ella voluntariamente, ya que la ausencia de práctica religiosa sin una manifestación explícita de rechazo de la fe —cosa bastante habitual— no comportaría ninguna situación especial, y la expulsión de la Iglesia por parte de las autoridades eclesiásticas sin ser solicitada no constituiría técnicamente apostasía, sino excomunión. Aún así no hay que perder de vista que el canon 1041 del ya citado Código de Derecho Canónico de la Iglesia católica tipifica explícitamente la apostasía como delito: "quien haya cometido el delito de apostasía, herejía o cisma...", y que el canon 1364 establece que "el apóstata de la fe, el hereje o el cismático incurren en excomunión *latae sententiae*", en pocas palabras, que el apóstata, entre otros "descarriados", queda excomulgado de manera automática, sin necesidad de comunicación, quede o no ese hecho recogido en registro alguno.

Hoy en día el ejercicio de la apostasía en nuestro país no debería comportar ninguna consecuencia para el interesado, ya que la posibilidad de abandonar la religión es un derecho reconocido tanto en la legislación española como en la internacional, que prohíben explícitamente cualquier posible discriminación por motivos religiosos. De todas formas, esto que parece de sentido común puede no resultar tan sencillo, por un lado porque no existe ninguna norma civil específica que regule el ejercicio del derecho a abandonar la religión, y por otro porque las organizaciones religiosas son conscientes de que uno de los mecanismos para preservar su influencia —sobre todo frente al proselitismo de las demás religiones y, en Occidente, ante el fuerte avance del secularismo— es evitar la deserción de sus adeptos o, cuando menos, obstaculizarla. Tenemos que recordar aquí que en algunos países islámicos, tomando como base ciertos hadices de la Sunna, la llamada "tradición" sobre la vida del profeta, la apostasía se condena incluso con la pena de muerte...

El párrafo primero del artículo 2, de la Ley Orgánica de Libertad Religiosa de 1980, dice:

La libertad religiosa y de culto garantizada por la Constitución comprende, con la consiguiente inmunidad de coacción, el derecho de toda persona a profesar las creencias religiosas que libremente elija o no profesar ninguna; cambiar de confesión o abandonar la que tenía, manifestar libremente sus propias creencias religiosas o la ausencia de las mismas, o abstenerse de declarar sobre ellas.

Esto deja pocas dudas sobre el derecho de cualquier ciudadano de nuestro país a abandonar su religión, si lo desea. El párrafo primero del artículo 9, del Convenio Europeo para la Protección de los Derechos Humanos y las Libertades Fundamentales de 1950, expone en términos parecidos:

Toda persona tiene derecho a la libertad de pensamiento, de conciencia y de religión; este derecho implica la libertad de cambiar de religión o de convicciones...

De forma similar, la Declaración Universal de Derechos Humanos de 1948 recoge en su artículo 18:

Toda persona tiene derecho a la libertad de pensamiento, de conciencia y de religión; este derecho incluye la libertad de cambiar de religión o de creencia...

Pero, por si no fuese suficiente, el artículo 10, en su segundo apartado, dice también: "Nadie podrá ser obligado a pertenecer a una asociación", y ello abre otra puerta para fundamentar el derecho a la apostasía, porque... ¿qué es en definitiva una comunidad religiosa sino un tipo específico de asociación que agrupa "creyentes"?

En ocasiones puede haber ciudadanos que se sientan incómodos al hablar de "apostasía" por la consideración despectiva que las confesiones religiosas conceden a dicho término, pero al margen de cómo se denomine al proceso en sí, lo importante es que desde el punto de vista civil la "declaración de apostasía" no es más que la comunicación que de forma libre y voluntaria efectúa un ciudadano para abandonar la organización religiosa a la que pertenece, sin entrar a valorar los motivos que le hayan podido conducir a entrar o a salir de ella.

Para poder apostatar, abandonar una confesión religiosa, sólo existe una condición *sine qua non*, que es la de ser previamente miembro de ella. Sólo se puede abandonar una organización en la que antes se ha ingresado, aunque sea de forma involuntaria, por eso aquellos que nunca han sido bautizados no pueden apostatar bajo ningún concepto. Jamás han sido miembros de esa confesión y por tanto no pueden abandonarla, ni voluntaria ni forzosamente. Es curioso observar que en su época la Inquisición, en tanto que fue un tribunal de ámbito eclesiástico, sólo tenía competencia formal para juzgar a quienes habían sido bautizados —si bien al no existir libertad de cultos y hacerse obligatoria la conversión, su actividad se extendía en la práctica a todos los súbditos del reino—. Para poder ser condenado por herejía se debía poder demostrar que el acusado era cristiano, que había sido bautizado, porque no hubiese tenido ningún sentido condenar a alguien por abandonar una ins-titución de la que no formaba parte...

Anécdotas al margen, si consideramos que en la mayoría de confesiones religiosas una persona pasa a formar parte de la comuni-dad de fieles mediante una ceremonia iniciática, y que en las confe-siones cristianas eso sucede en el instante mismo de recibir el bautismo —según sostiene la propia Iglesia católica, como hemos visto—, entonces tiene la posibilidad de apostatar toda persona que haya recibido el bautismo. Si además tenemos en cuenta, como muy sensatamente recoge en su artículo 10 la Declaración Universal de Derechos Humanos, que ninguna persona puede ser obligada a pertenecer a ningún colectivo en contra de su voluntad, resulta evidente que en un sentido amplio todo ciudadano que sea miembro de una confesión religiosa está en su derecho de abandonarla, si así lo desea.

El problema surge cuando alguien se plantea no tanto qué debe hacer para abandonar una religión, porque al fin y al cabo eso es algo que sólo atañe a su conciencia, sino qué debe hacer para darse de baja formalmente de una organización religiosa. Cómo debe comunicar su decisión a la confesión a la que pertenece, o en la que está inscrito, para que ésta reconozca y acate sin obstáculos su voluntad. Finalmente, si es esa su pretensión, cómo puede conseguir que esa confesión, además de aceptar su "baja" como miembro, deje constancia fidedigna en sus archivos de que ya no figura entre sus fieles, o incluso cómo puede lograr que esa confesión suprima todos sus datos personales de sus registros.

En principio lo razonable sería que toda organización, inclusive las de carácter religioso, disponga de algún procedimiento interno que permita a sus miembros abandonarla a todos los efectos, en cualquier momento, con absoluta libertad. Más aún en aquellos supuestos en los que el interesado ni tan solo se haya adherido a ella en su día de forma consciente o voluntaria... Ese procedimiento debería comportar, por lo menos, dos acciones distintas: la emisión de un documento para que el interesado pueda acreditar fehacientemente su defección, para lo que podría servir una simple carta o certificado aceptando su solicitud o confirmando su abandono —o bien el reconocimiento formal de su apostasía— y, en segundo lugar, la actualización de los datos personales del interesado en los registros de esa confesión religiosa, lo que a su vez también podría efectuarse de dos maneras: recogiendo en los registros de esa confesión la voluntad de dicho individuo de causar baja entre sus fieles, o bien con la supresión directa de todos los datos de esa persona de los mismos.

Esta segunda condición posee una especial relevancia, porque en la práctica cualquier entidad, por sorprendente que resulte, puede limitarse a emitir un certificado u otro documento acreditativo de la baja, pero después eludir su obligación de regularizar la información que figura en sus archivos. Además en este punto también existen dos posiciones claramente diferenciadas: la de aquellos ciudadanos que se "conforman" con que la confesión religiosa reconozca su apostasía y deje constancia de su voluntad en esos registros, y la de aquellos otros que no consideran "suficiente" esa solución y exigen la eliminación completa de todos sus datos. La realidad es que en cualquiera de ambos casos, si la confesión religiosa no da una respuesta acorde con las expectativas del solicitante, no quedará otro remedio que acudir a la justicia civil.

Las confesiones religiosas no suelen prever ningún mecanismo para que sus fieles puedan abandonarlas y la Iglesia católica, hasta hace bien poco, no ha sido en esto ninguna excepción. Aún así en los últimos años algunas diócesis, como las de Sevilla o Burgos, han ido elaborando documentos internos que pretenden ofrecer algunas pautas para regular este proceso, preferentemente a la luz del ordenamiento canónico, si bien en conjunto las respuestas de la Iglesia se han caracterizado por una absoluta falta de criterio, teñida en unas ocasiones por una actitud prepotente y en otras de corte más paternalista.

El Consejo Episcopal de la diócesis de Sevilla aprobó el 30 de junio de 2004 un documento titulado *Modo de proceder ante las declaraciones de abandono de la fe católica* donde, a la vista de la "experiencia de otras diócesis", ofrece algunas consideraciones generales y orientaciones que incluyen un modelo de impreso para la "Declaración de abandono de la fe católica". El documento exige, entre otros requisitos, "mayoría de edad, plena conciencia, conocimiento del paso a dar, y plena libertad" por parte del interesado, y pretende que la "declaración" se efectúe "delante de dos testigos, junto con el notario de la curia del arzobispado", quien "tratará de dialogar con el interesado sobre el significado del hecho, las razones

que pudieran haberlo motivado y las consecuencias del mismo...",
aunque también contempla la posibilidad de que el trámite se realice "ante un notario civil o magistrado competente". Asimismo,
informa de las consecuencias —canónicas, por descontado— que se
derivarán de dicho acto y sobre el modo de proceder para que la
petición sea reconocida formalmente.

El Arzobispado de Burgos por su parte remitía en el año 2005
a quienes solicitaban el reconocimiento de la apostasía unas denominadas *Consideraciones desde el punto de vista canónico* que, en lo
esencial, eran prácticamente idénticas a las aprobadas por el
Arzobispado de Sevilla, aunque a ese documento adjuntaba una
breve carta introductoria del canciller y secretario general de la
diócesis, Ildefonso Asenjo, digna de una consulta al psicólogo,
donde el hombre afirmaba, entre otras lindeces, que lo sentía por
el solicitante pero que no le asustaban sus "dudas", después de lo
cual se explayaba contando lo "complicada" que es la vida y que sin
fe él no le encontraba "ningún sentido ni a la vida ni a la muerte..."
Para rematar la "faena" terminaba aconsejando al apóstata repen-
sarlo, "porque siempre es hora de rectificar".

En la LXXXIV Asamblea Plenaria de la Conferencia Episcopal
Española, celebrada del 7 al 11 de marzo de 2005, en la que se eligió
como presidente al obispo de Bilbao, Ricardo Blázquez, fue aprobado también un documento titulado *El abandono formal de la Iglesia
católica y la cancelación de la partida de bautismo*, que nunca ha llegado a hacerse público. En ese texto, del que con el tiempo han ido
trascendiendo ciertos detalles, se hacen algunas consideraciones
genéricas sobre la naturaleza canónica de la apostasía, en la línea de
los documentos anteriores, y se exponen las consecuencias que se
derivan de dicho acto.

Ante el incesante goteo de consultas que iban llegando al
Vaticano desde obispados de todo el mundo, solicitando instrucciones concretas para afrontar el creciente fenómeno de la apostasía, el

presidente del Pontificio Consejo para los Textos Legislativos, el cardenal español e influyente miembro de la prelatura personal del Opus Dei, Julián Herranz —retirado desde febrero de 2007 a causa de su edad—, hizo público en marzo de 2006 un documento que contaba con el beneplácito personal del papa Benedicto XVI, dirigido a todos los presidentes de las Conferencias Episcopales, con indicaciones sobre cómo proceder ante esta nueva situación.

El documento, titulado *Actus formalis defectionis ab Ecclesia Catholica*, pretende establecer los requisitos y las formalidades necesarios para que la Iglesia acceda a reconocer que se ha producido un acto formal de "defección" en sus filas. Los requisitos que debe cumplir el interesado para abandonar la Iglesia son básicamente tres: debe existir una "decisión interna de salir de la Iglesia católica", eso es una decisión íntima, personal; una "actuación y manifestación externa de esta decisión", que esa decisión personal además se haga pública; y por último "la recepción por parte de la autoridad eclesiástica competente de esa decisión", o sea que esa decisión sea comunicada convenientemente a la Iglesia. El texto no entra en aspectos técnicos sobre cómo efectuar el proceso ni establece un protocolo para ello, pero sí contempla otros detalles que ya habían sido recogidos en su día en documentos internos como los mencionados anteriormente, por ejemplo, que la decisión de apostatar debe ser libre y voluntaria, cosa bastante razonable por supuesto, o que el acto debe ser manifestado por el interesado "en forma escrita, delante de la autoridad competente de la Iglesia católica", lo que ya resulta más cuestionable, porque si alguien desea abandonar la Iglesia no tiene por qué acudir a justificarlo ante ninguna autoridad religiosa, ni someter su criterio a ningún dictamen eclesiástico sobre su posible capacidad o libertad para actuar. La comunicación, aunque sea por escrito, debería poder tramitarse por cualquier procedimiento que tenga validez legal en el ámbito civil... También establece que el acto de defección, una vez reconocido, tiene que quedar recogido en el libro de bautizados: "se haga la anotación explícita de que ha tenido lugar la *defectio ab Ecclesia catholica actu formali*". Por último el documento apostilla, por si quedaba alguna duda, que

> el *vínculo sacramental de pertenencia al Cuerpo de Cristo que es la Iglesia, dado por el carácter bautismal, es una unión ontológica permanente y no se pierde con motivo de ningún acto o hecho de defección.*

Vamos, que por mucho que la Iglesia pueda "acatar" la decisión de una persona de apostatar sólo lo hará en apariencia, se limitará a tomar públicamente nota de su deseo, porque según su doctrina el vínculo que une al bautizado con ella es indestructible, eterno, no depende de la libre voluntad del individuo. El bautizado, pase lo que pase, en el fondo jamás podrá abandonar la Iglesia ¡bajo ningún concepto! ¡Una absoluta falta de respeto y un atentado inaceptable contra el más elemental derecho a la libertad de conciencia!

Una vez constatada esta realidad y ante la ausencia de detalles sobre el procedimiento a seguir, es el propio interesado quien debe tomar la iniciativa para lograr su propósito. Eso supone comunicarle a la Iglesia la decisión que se ha tomado y facilitarle toda la información necesaria para que pueda formalizar la defección, pero dejando a su vez constancia de las gestiones que se van realizando por si fuese preciso recurrir a los tribunales. Es importante tener en mente que, desde el momento en que uno se decide a abandonar una confesión religiosa, aunque sea sólo por coherencia personal, debería dejar de reconocer cualquier validez a la normativa eclesiástica y, en consecuencia, someterse al amparo exclusivo de la jurisdicción civil.

Teniendo en cuenta todas estas premisas el proceso para darse de baja de una confesión religiosa debería comenzar comunicándole a la misma por escrito nuestra decisión de apostatar o bien de abandonarla, según las preferencias de cada cual. En primer lugar es conveniente asegurarse de que la comunicación se dirije al destinatario adecuado. En el caso de la Iglesia católica parece razonable suponer que el destinatario debe ser el obispo titular de la diócesis a la que pertenezca la parroquia donde se recibió el bautismo. El obispo diocesano es quien ostenta la representación legal de la diócesis en todos los asuntos, por lo que en última instancia él será también el responsable de dar una respuesta satisfactoria a nuestra solicitud. En esa misma línea el canon 393 del Código de Derecho Canónico dispone que "El Obispo diocesano representa a la diócesis en todos los negocios jurídicos de la misma".

Aún así hay quienes recomiendan realizar este proceso por duplicado, enviando simultáneamente una copia de la carta al obispado y otra a la parroquia. El motivo es que desde el punto de vista legal ambas son entidades independientes que poseen, o pueden poseer, registros propios con los datos personales de aquellos que han sido bautizados, por lo que habría que efectuar dos procesos paralelos.

Sin cuestionar la lógica de este planteamiento, porque es cierto que legalmente la parroquia tiene personalidad jurídica propia, tampoco podemos olvidar que según la propia normativa de la Iglesia las parroquias dependen a todos los efectos de los obispados a los que están adscritas, y que esta estructura organizativa está reconocida en el ordenamiento civil en base a lo establecido en el artículo 1.2 del Acuerdo internacional de 1979 entre el Estado español y la Santa Sede sobre Asuntos Jurídicos. Esta tesis vendría también avalada, de forma implícita, por distintas sentencias del Tribunal Supremo, que atribuyen a las respectivas diócesis la responsabilidad civil subsidiaria de ciertos actos delictivos perpetrados por algunos clérigos de las mismas en el ejercicio, o como consecuencia, de su ministerio —como ha sucedido, sin ir más lejos, con algunas sentencias recientes por abusos sexuales de sacerdotes en el Obispado de Tui-Vigo, o en el Arzobispado de Madrid—, lo que carecería de fundamento legal si no fuese por el reconocimiento civil del vínculo existente entre el obispado y la parroquia.

En base a ello podemos deducir que cualquier notificación dirigida al obispo debería quedar también recogida finalmente en los libros de la parroquia. Los libros que se conservan en los archivos diocesanos son, al menos en teoría, copias exactas de los parroquiales, por lo que incluso puede interpretarse que esos archivos no funcionan de manera autónoma, sino que se trata más bien de copias distintas de un mismo y único archivo. Además, si considerásemos esas entidades de forma independiente entonces estaríamos ante un caso flagrante de cesión ilegítima de datos personales, porque los datos registrados en la parroquia son sistemáticamente remitidos a la diócesis para su actualización, y viceversa.

Una persona recibe una sola vez el bautismo e ingresa una única vez en la Iglesia. Si esa misma "Iglesia" recoge después ese hecho en más de un registro cabe deducir que, a partir de una única gestión del interesado, es ella la que debe estar obligada a actualizar todos sus archivos. Si la parroquia cede por su cuenta y riesgo los datos del bautismo al obispado sin el consentimiento expreso del afectado, o a la inversa, porque esas dos entidades forman parte de la misma "corporación", por así decirlo, es algo que, ante la solicitud del interesado, deberían resolver entre ellas de manera automática. En ese supuesto el obispado que recibe la solicitud sería el responsable de cursar las instrucciones pertinentes a todas las entidades que forman parte de la diócesis. En última instancia, si el interesado detecta que la información que consta en los registros de la parroquia no coincide con la que posee el obispado, podría denunciar a la parroquia por incumplir la Ley de Protección de Datos Personales.

Lo más recomendable, para conseguir que la Iglesia reconozca la defección, es pues enviar una carta o comunicación escrita al obispado —o en su defecto a la confesión religiosa que se quiera abandonar— mediante algún procedimiento que tenga validez legal y que después pueda documentarse, por si más adelante es necesario acudir a la justicia. Lo más sencillo es seguramente enviar una carta por correo certificado con acuse de recibo, pero existen otras opciones, desde presentarse directamente en el registro del obispado para entregar la carta en mano y pedir que nos sellen una copia —lo que puede dar origen a largas esperas e interminables evasivas—, hasta mandar un requerimiento notarial —algo más caro—, o un frío y aséptico burofax.

En cuanto al contenido de la carta tampoco existe ningún modelo "oficial", salvo el elaborado en su día por el Arzobispado de Sevilla —inaceptable en sus términos por estar redactado en exclusiva desde la perspectiva de la Iglesia católica, sin ninguna referencia al Derecho civil—, y de hecho bastaría con notificarle a la confesión implicada la voluntad de causar baja de ella sin más explicaciones, pero si se desea aportar algún argumento adicional éste debería recoger sobre todo los motivos que llevan al interesado a solicitar esa baja. En caso de que la carta se dirija a la confesión católica el motivo tendría que ser en definitiva el "rechazo de la fe cristiana". En internet pueden encontrarse diversos modelos, por ejemplo en la página web del activista valenciano Albert Villanova —www.apostasia.es—, o bien en las páginas de Ateus de Catalunya —www.ateus.org— y de la Unión de Ateos y Librepensadores —www.ateos.org—, pero pueden encontrarse otros igual de válidos. Todo ello se puede sazonar con experiencias o circunstancias personales, aunque tampoco es preciso abandonar el ámbito de la "buena educación" ni entrar en demasiados más detalles. No se trata de presentar una relación exhaustiva de agravios ni nada parecido, sino simplemente de comunicar que se quiere ser dado de baja de esa institución.

Lo que sí resulta aconsejable es añadir una copia del DNI, del pasaporte o de algún otro documento de identificación, mejor aún si es compulsada, e indicar alguna forma de contacto, bien sea una dirección postal, un teléfono, fax, dirección electrónica u otra.

También puede resultar útil, para agilizar el trámite, indicar la parroquia y la fecha donde se recibió el bautismo o, si no se conocen esos datos, indicar al menos la población y la fecha aproximada. Otra posibilidad es adjuntar una copia de la "partida de bautismo", donde constarán con seguridad la parroquia y la fecha exacta, aunque en ningún caso pueden exigirnos su presentación, pues lo habitual es que la obtención de esa copia sea de pago, mientras que el procedimiento de cancelación de datos debe ser, por ley, completamente gratuito.

A partir de aquí el proceso puede variar considerablemente de una diócesis a otra. Es bastante habitual que al primer intento no haya respuesta. Si se da esa situación lo más recomendable es insistir un poco interesándose por el estado de la solicitud. Por lo general una simple llamada telefónica suele resultar suficiente para conseguir una primera comunicación, que a menudo consiste en pedir más datos para verificar la autenticidad de la solicitud y aprovechar la circunstancia para proponer una entrevista a la persona interesada —aunque esto es cada vez menos frecuente, seguramente por el fuerte incremento del número de solicitudes registrado en los últimos años—. Si se acepta el encuentro lo más normal es que se dé una de estas dos situaciones: o bien el interlocutor sólo quiere comprobar la identidad de la persona y quiere asegurarse de que está decidida a apostatar, o por el contrario pretende convencerla de que está cometiendo un grave error y trata de hacerle cambiar de opinión o, cuando menos, de conseguir que posponga su decisión.

Lo más sencillo es negarse en redondo a mantener ninguna entrevista y, si es necesario, limitarse a acreditar la propia identidad para evitar cualquiera posible suspicacia —excepto que se tenga curiosidad por comprobar personalmente el procedimiento—, con lo cual es bastante probable que acaben dando por buena la petición. En algunos casos pueden enviar una notificación por escrito reconociendo la condición de apóstata, pero en otros no, por eso transcurrido un plazo prudencial puede ser recomendable solicitar una copia de la partida de bautismo —aunque eso conlleve algún coste—, o bien acercarse hasta la parroquia donde uno fue bautizado para comprobar si en el libro de registros bautismales se ha añadido una anotación en los datos marginales indicando la nueva condición, aunque los párrocos suelen ser recelosos y acostumbran a negar el acceso a esos libros. Una alternativa más asequible, que también puede funcionar, es solicitar a la parroquia, a través del correo electrónico, la confirmación de nuestra situación personal con respecto a la Iglesia. Esta precaución puede resultar conveniente incluso cuando se haya recibido una notificación reconociendo la apostasía, porque la Iglesia, a pesar de enviarla, no siempre efectúa la inscripción preceptiva en el libro de bautismos correspondiente.

Uno de los argumentos más comunes que suele emplear la Iglesia católica para negarse a reconocer las solicitudes de apostasía es que ella no se inmiscuye en las creencias de las personas ni dispone de ningún "registro" de fieles, sino que cuenta tan solo con documentos o "actas" que recogen "hechos históricos" que no prejuzgan las creencias posteriores de esas personas, ni implican su adhesión a la Iglesia. Sin embargo, eso contradice de raíz su propio concepto de bautismo como sacramento, que establece entre otras cosas la iniciación en la fe cristiana y la incorporación a la comunidad de fieles... También parece razonable suponer que si la Iglesia tiene necesidad de recoger en un libro de registro los datos de quienes reciben el sacramento e ingresan en la comunidad, entonces quienes desean abandonarla deberían tener la posibilidad de que esta institución deje igualmente constancia de su voluntad. Muchas personas van incluso más allá y exigen que sean borrados todos sus datos de los registros de la Iglesia, si es necesario con la "destrucción" física de los apuntes y, por supuesto, de aquellos que hacen referencia a su ideología o creencias. Es totalmente innecesario aclarar que eso por ahora no se ha conseguido nunca.

Si la Iglesia acepta la solicitud, emite una notificación reconociendo la condición de apóstata y efectúa la anotación marginal en el libro de bautismos, las posibilidades de ir más allá desde el punto de vista legal son, hoy por hoy, bastante inciertas y remotas. Por contra, si la Iglesia desatiende la petición, debidamente documentada, existe la posibilidad de "reclamar" ante la Agencia Española de Protección de Datos (AEPD), un organismo público independiente que tiene como función garantizar el cumplimiento y la aplicación de la Ley Orgánica de Protección de Datos de Carácter Personal de 1999. Para ello es necesario presentar un recurso explicando los hechos y adjuntar la carta o el documento que se haya recibido del obispado oponiéndose a efectuar la "cancelación". En su defecto deberá indicarse la ausencia de respuesta por parte del obispado, junto con los documentos que permitan acreditar que se ha efectuado la solicitud.

Cuando la AEPD recibe una reclamación de incumplimiento de algún aspecto recogido en la Ley de Protección de Datos inicia un procedimiento de tutela de derechos, analiza el caso y finalmente emite una resolución vinculante. Hasta finales de 2007 la AEPD había emitido ya cerca de 300 resoluciones dando la razón a otros tantos ciudadanos que habían pedido a la Iglesia católica ejercer su derecho de oposición pero habían visto rechazada su solicitud, y además tenía en trámite una veintena más de procesos. Los argumentos legales que esgrime la AEPD para resolver esas reclamaciones se fundamentan en un informe emitido el 6 de julio de 2000 por la Dirección General de Asuntos Religiosos (DGAR) del Ministerio de Justicia, que en ciertos aspectos también ha servido después a la Iglesia para justificar su posición, y que fue elaborado en su día bajo el mandato del entonces director general Alberto de la Hera, un reconocido militante del Opus Dei nombrado para el cargo por el gobierno del Partido Popular. Ese informe afirma que "la Iglesia Católica no posee ficheros de sus miembros, ni relación alguna de ellos", y considera que *el Registro Bautismal contiene actas de notoriedad, que hacen referencia al hecho histórico del bautismo de una persona, sin que se identifique a la misma como miembro de la Iglesia Católica, por lo que no procede la cancelación de sus asientos.*

Además hay que contar con que la Iglesia, en última instancia, siempre se ampara en el artículo 1.6 del Acuerdo entre el Estado Español y la Santa Sede sobre Asuntos Jurídicos para defender la inviolabilidad de sus "archivos, registros y demás documentos".

En las resoluciones emitidas hasta la fecha la AEPD interpreta, en la misma línea que ya había adelantado la DGAR, que los libros de bautismos no pueden considerarse estrictamente ficheros de miembros de la Iglesia y por ello no insta a la Iglesia a "cancelar", léase "suprimir", sus asientos. Pero en cambio introduce un nuevo enfoque del que se derivan importantes consecuencias, porque establece que, a pesar de lo anterior, esos libros sí constituyen una base de datos de carácter personal, por lo que en ese sentido quedarían incluidos dentro del ámbito previsto por la Ley de Protección de Datos de Carácter Personal, que la Iglesia, como cualquier otra organización, quedaría obligada a cumplir. Este detalle reviste especial relevancia porque el artículo 4.3 de la citada ley indica que los datos de carácter personal serán exactos y puestos al día de forma que respondan con veracidad a la situación actual del afectado, y en base a ello la Agencia, en sus resoluciones, ha venido estableciendo sistemáticamente que la Iglesia está obligada a mantener actualizados los datos que figuren en sus archivos de aquellas personas que lo soliciten. Eso significa que la Iglesia, cuando sea requerida a ello por los interesados, deberá dejar constancia en los libros de bautismos de su voluntad de apostatar por medio de una anotación marginal. Además, la omisión de esa obligación podría considerarse como una denegación del derecho de cancelación y dar lugar a la sanción prevista por la ley para esos supuestos.

Las resoluciones de la AEPD no agotan sin embargo el procedimiento legal. Las partes implicadas tienen la posibilidad de interponer un recurso de reposición ante el director de la AEPD, o directamente un recurso contencioso administrativo ante la Audiencia Nacional, lo que puede suponer una demora de entre uno y dos años en la resolución del proceso. Al menos cuarenta y dos, de las sesenta y nueve diócesis españolas, además del Arzobispado Castrense —es decir casi las dos terceras partes—, han sido instadas en alguna ocasión durante los últimos tres años por la AEPD a regularizar los datos de ciudadanos apóstatas en sus registros, o bien tienen algún procedimiento de tutela pendiente de resolución. La mayoría de estas diócesis, cuando reciben las notificaciones de la AEPD, proceden a actualizar los datos de los apóstatas sin interponer más obstáculos, pero cuatro de ellas en concreto, la de Valencia, de forma sistemática —en más de un centenar de ocasiones—, la de Madrid, de forma habitual, y las de Orihuela-Alicante y Zamora, en una única ocasión, han optado hasta ahora por recurrir las resoluciones de la AEPD ante la Audiencia Nacional. También la Prelatura del Opus Dei ha recurrido al menos una resolución de la AEPD.

Por lo que respecta a otras confesiones la incidencia es mucho menor, posiblemente también a causa de su menor implantación, pero según consta en los archivos de la AEPD tanto la Iglesia de Jesucristo de los Santos de los Últimos Días, como la Iglesia Española Reformada Episcopal y la Iglesia Bautista de Coslada han sido apercibidas cada una de ellas por lo menos en una ocasión, si bien después ninguna se ha decidido a recurrir las resoluciones. En total, más de la mitad de las resoluciones emitidas por la Agencia Española de Protección de Datos hasta finales de 2007, instando a la Iglesia católica o a otras confesiones cristianas a efectuar las inscripciones preceptivas en sus registros, han sido recurridas por uno de los cuatro obispados "rebeldes". En el otro extremo de la balanza se sitúan todas aquellas otras diócesis que aceptan las solicitudes de apostasía sin poner impedimentos, por lo que los interesados nunca llegan a verse en la necesidad de denunciar sus casos ante la AEPD, aunque también hay que matizar que la mayoría de estas diócesis son pequeñas, sin núcleos urbanos importantes, como las de Ávila, Barbastro-Monzón, Ibiza, Jaca, Menorca o Plasencia —por indicar algunas—, y que muy probablemente tampoco hayan recibido demasiadas solicitudes de apostasía hasta la fecha.

El 10 de octubre de 2007 la Sala de lo Contencioso Administrativo de la Audiencia Nacional hizo públicas las primeras diecisiete sentencias, sobre otros tantos recursos interpuestos por los arzobispados de Valencia y Madrid —dieciséis correspondientes al primero y una al segundo—, contra resoluciones de la AEPD favorables a los apóstatas. El magistrado Carlos Lesmes, presidente de la Sala, actuó como ponente de cuatro de esas sentencias, mientras que el resto de magistrados de la Sala hizo lo propio con las demás. Todas las sentencias siguen, como era de esperar, la misma línea de argumentación. En ellas se establece que los datos que figuran en los libros de bautismo, a tenor de lo dispuesto en el artículo tercero de la Ley de Protección de Datos de 1999 y en el artículo segundo de la Directiva 95/46 CE del Parlamento Europeo y del consejo de 24 de octubre de 1995, deben ser considerados datos de carácter personal a todos los efectos, pues "revelan una información de identificación del titular de los datos" que "se concretan en el nombre y apellidos del bautizado, entre otros", están registrados en un soporte físico —en este caso en papel— y, por último, son "susceptibles de tratamiento", como queda evidenciado por el hecho mismo de que "por ejemplo, la expedición de una partida de bautismo sea una forma de tratamiento de datos personales". Todo ello confirma, como ya defendió en su día la AEPD, que los libros de bautismo deben tener la consideración de "ficheros" de datos personales, por lo que quedarían plenamente sujetos a lo dispuesto en la Ley de Protección de Datos de Carácter Personal. La sentencia desautoriza expresamente en este punto la afirmación vertida en el informe de la DGAR del año 2000, de que "la Iglesia católica no posee ficheros de datos personales".

Un segundo aspecto que abordan las sentencias es el del "principio de calidad del dato", según el cual se reconoce el derecho "al control sobre los datos por el titular de los mismos". Eso supone el reconocimiento del derecho de los ciudadanos a garantizar la veracidad o exactitud de sus datos personales en aquellos ficheros donde se hallen recogidos —como también había interpretado la AEPD en sus resoluciones, en base al citado artículo 4.3 de la Ley de Protección de Datos—. Las sentencias sostienen asimismo que si bien el hecho de que una persona figure inscrita como bautizada no supone necesariamente su pertenencia a la Iglesia católica, ni prejuzga sus creencias posteriores —como en su día indicó el informe de la DGAR—, el bautismo, como sacramento, no deja de tener "un sentido de iniciación cristiana, de incorporación a la Iglesia, como se afirma en el propio catecismo de la Iglesia Católica" y "su constancia documental, por ello, no puede considerarse irrelevante desde esta perspectiva, pues supone al menos presunción o indicio de pertenencia", por lo que

> es legítimo que quien se sienta inquietado por el contenido de dicho asiento, en el ejercicio de su libertad de conciencia, quiera que de alguna manera se deje constancia de su oposición a ser considerado como miembro de la misma.

Lo que supone la confirmación definitiva del derecho de los apóstatas a exigir la "cancelación" de sus datos de los libros de bautismo de la Iglesia.

Las sentencias de la Audiencia Nacional sientan todavía un precedente en otro punto fundamental, ya que establecen de forma inequívoca la primacía del derecho a la protección de los datos personales de los ciudadanos frente a la supuesta inviolabilidad de los archivos de la Iglesia. El razonamiento jurídico de los magistrados se basa en que la protección de los datos personales es un derecho fundamental que emana del artículo 18 de la Constitución, que garantiza "el derecho al honor, a la intimidad personal y familiar y a la propia imagen" de los ciudadanos, algo que también reconoce explícitamente el artículo 1 de la Ley de Protección de Datos de Carácter Personal, que tiene por objeto

> garantizar y proteger, en lo que concierne al tratamiento de los datos personales, las libertades públicas y los derechos fundamentales de las personas físicas, y especialmente de su honor e intimidad personal y familiar.

Por tanto, el bien jurídico constitucionalmente relevante en esta cuestión no es otro que el de la protección de los datos de carácter personal, y como tal sólo puede ser limitado en su ejercicio por otros derechos fundamentales, mientras que la inviolabilidad de los archivos de la Iglesia deriva de un tratado internacional —el aludido Acuerdo sobre Asuntos Jurídicos entre el Estado español y la Santa Sede— que en el ordenamiento jurídico se halla "en un lugar subordinado a la Constitución", y se refiere sólo a la protección "ante cualquier intromisión procedente del Estado", por lo que, puntualiza, "tal inviolabilidad no es predicable" frente a los derechos individuales de los ciudadanos a disponer de los datos relativos a su persona. La sentencia supone pues el reconocimiento del derecho de los ciudadanos a disponer de sus datos personales, implica *de facto* el reconocimiento de su derecho a abandonar la religión a la que están adscritos, y establece la obligación de la Iglesia católica de acatar la voluntad de todo aquel que "en el ejercicio de su libertad de conciencia, quiera que de alguna manera se deje constancia de su oposición a ser considerado como miembro de la misma", procediendo a "cancelar" la inscripción bautismal de los reclamantes y a emitir un certificado dejando reflejado por escrito que ha sido recogida su voluntad de abandonar la Iglesia católica.

En sus conclusiones las sentencias califican las respuestas de los arzobispados de Valencia y Madrid a los apóstatas de

claramente insatisfactorias, tanto desde la perspectiva del respeto a su derecho fundamental a la protección de datos de carácter personal, como desde la perspectiva de su derecho fundamental a la libertad religiosa y de conciencia.

Ello indica que desestiman sus recursos y les conminan a ejecutar las resoluciones de la AEPD en el plazo de diez días hábiles. En caso de desatender los requerimientos de la Audiencia Nacional los arzobispados mencionados incurrirían en una infracción de la Ley de Protección de Datos y serían sancionados en consecuencia. En noviembre de 2007 la Audiencia había resuelto ya treinte y un recursos, siempre en términos similares. La importancia de estas sentencias, al margen de los casos particulares que resuelven, es que sientan jurisprudencia, y por tanto orientarán la línea a seguir para los más de cien recursos que todavía siguen pendientes en la Audiencia Nacional.

La Iglesia católica, y en especial el Arzobispado de Valencia, es consciente de que estas sentencias marcarán, con toda probabilidad, el inicio de una imparable cadena de resoluciones en su contra, por lo que en un primer momento reaccionó solicitando la suspensión cautelar de las mismas —que la Audiencia Nacional concedió preventivamente—, con el fin de ganar tiempo y valorar la posibilidad de presentar un recurso de casación ante el Tribunal Supremo. Pero esa medida, según los expertos, solamente podría servir para retrasar su ejecución, ya que por su propia naturaleza el recurso de casación, en caso de presentarse, sólo podría afectar a posibles defectos en la interpretación de la ley, pero no al fundamento jurídico de las sentencias, que ha quedado bien sentado por el tribunal. De todos modos, en el momento de publicar estas líneas no había constancia de que se hubiese presentado ningún recurso de casación por parte de los arzobispados implicados.

Para tratar de soslayar los inconvenientes de oponerse a las resoluciones de la AEPD y de situaciones como la derivada de estas sentencias de la Audiencia Nacional, diversos juristas próximos a la Iglesia católica vienen recomendando desde hace tiempo a algunas diócesis que consideren la posibilidad de crear registros específicos de apostasías, ya que ni la AEPD, ni ahora la Audiencia Nacional, han conminado a la Iglesia a suprimir los datos de los que quieren abandonarla, sino tan sólo a que ésta deje constancia de la voluntad de esas personas en sus archivos. De ponerse en práctica esa medida podría resultar tremendamente polémica, porque permitiría a la Iglesia disponer de un registro de apóstatas o, dicho de otro modo, de una relación de "desafectos", lo que resultaría muy difícil de encajar dentro del actual marco legal que regula la protección de datos personales.

Esta posibilidad por descontado chocaría de frente con las aspiraciones de todos aquellos que se oponen a que el derecho de cancelación se limite a la inscripción mediante una nota registral y exigen la supresión de todos sus datos de los registros eclesiásticos, pero esta es una cuestión que por ahora tiene difícil solución. Una sentencia posterior de la Audiencia Nacional emitida el 23 de octubre de 2007, que tuvo como ponente al magistrado José Guerrero, abordó por vez primera conjuntamente un recurso planteado por el Arzobispado de Madrid contra una resolución de la AEPD y otro planteado por el afectado que solicitaba de forma explícita la supresión total de sus datos de los libros de bautismos.

En el primer punto, como en todas las sentencias anteriores, el tribunal dio la razón al apóstata, en cuanto establecía su derecho a exigir la cancelación de sus datos personales, pero en lo referente a la segunda cuestión, en la que el reclamante "entiende que el derecho de cancelación sólo queda satisfecho mediante la eliminación de los datos y no queda satisfecho con la mera anotación de haber manifestado la voluntad contraria", el magistrado sostiene que el artículo 16 de la Ley de Protección de Datos "contempla la posibilidad de que el derecho de cancelación no se identifique con la desaparición física de los datos, sino que se limite a un simple bloqueo" de los mismos. En vista de lo cual, a su juicio, en esta ocasión "la ponderación de intereses aconseja confirmar la cancelación mediante la anotación en la partida de bautismo", por lo que desestima la pretensión del afectado y confirma el criterio establecido en la resolución de la AEPD que había sido impugnada.

En marzo de 2006, el grupo parlamentario de Izquierda Unida-Iniciativa per Catalunya-Verds (IU-ICV), presentó en la Comisión de Justicia del Congreso de los Diputados una Proposición no de Ley "sobre el procedimiento para dejar de pertenecer de manera expresa a las confesiones religiosas", en la que ponía de relieve la dificultad que existe a menudo para conseguir el reconocimiento de la apostasía por parte de las confesiones religiosas. En ella se instaba al gobierno a

> *estudiar las reformas legales y llevar a cabo acuerdos con las diferentes confesiones para establecer un procedimiento que permita de forma rápida y con garantías causar baja de las religiones a todos los efectos legales y económicos posibles, la inscripción expresa en sus asientos de la baja y la supresión de los datos personales que obren en sus registros.*

La proposición, que fue debatida durante el mes de junio siguiente por la Comisión, contó con la oposición tanto del grupo Popular como del Socialista, que adujeron argumentos muy similares a los expuestos en su día por la DGAR —y hoy desautorizados por la Audiencia Nacional— pero no respondieron a la cuestión de fondo sobre la necesidad de remover los obstáculos existentes para que los ciudadanos que lo deseen puedan ejercer sin trabas su derecho a abandonar las confesiones religiosas, y después de un intenso debate, muy marcado ideológicamente, fue rechazada por sólo dos votos a favor frente a treinta y cuatro en contra.

En definitiva, a la vista de los antecedentes, lo más probable es que con un poco de paciencia y perseverancia aquel que lo desee logre obtener un certificado de la Iglesia reconociéndole su condición de apóstata, o indicando que en la partida de bautismo se ha recogido mediante una nota marginal su voluntad de ejercer el derecho de cancelación, pero en última instancia, si se produce una negativa persistente o una omisión manifiesta entonces no quedaría más remedio que abordar el tema por la vía legal, aunque siempre es recomendable agotar todas las posibilidades antes de emprender ese camino.

En ese supuesto el primer paso sería asesorarse adecuadamente y poner los hechos en conocimiento de la Agencia Española de Protección de Datos para que inste al obispado correspondiente a efectuar la oportuna inscripción registral. El obispado aún tendría la posibilidad de recurrir la resolución de la AEPD ante la Audiencia Nacional, lo que supondría una demora considerable, si bien es algo poco probable y por ahora circunscrito a unas pocas diócesis, siempre que el comunicante haya acreditado suficientemente su identidad. En tal caso, a la vista de las sentencias emitidas hasta ahora por la Audiencia Nacional, parece muy difícil que al final la Iglesia consiga eludir su obligación de atender los requerimientos del solicitante, porque podría ser sancionada por la ley. Su única alternativa sería presentar entonces un recurso de casación ante el Tribunal Supremo, que puede resultar efectivo como maniobra dilatoria, pero que cuenta con pocas posibilidades de prosperar, o por lo menos de lograr revertir el proceso.

Para los apóstatas otra alternativa sería intentar conseguir que la Iglesia no sólo "cancele" sus datos personales, sino que los "elimine" por completo de los libros de bautismos. Si consideramos la jurisprudencia de la Audiencia Nacional y los fundamentos legales expuestos hasta ahora por los diferentes organismos del Estado, tratando de ser realistas, no parece que por la vía de la Ley de

Protección de Datos de Carácter Personal semejante pretensión tenga demasiadas opciones de llegar a buen puerto. Por ahora habrá que conformarse con la victoria moral que representan las últimas sentencias judiciales, y esperar a que algún día se den las condiciones adecuadas que permitan volver a plantear alguna iniciativa parlamentaria para regular el derecho de los ciudadanos a abandonar la religión... pero para conseguirlo será necesario que los principales partidos políticos, o al menos alguno de ellos, se atreva a desafiar el considerable poder y la influencia que todavía conserva la Iglesia católica, y eso, de momento, parece poco probable.

CAPÍTULO 8

LA LAICIDAD EN TIEMPOS DE ZAPATERO

Cuando en la primavera de 2004, todavía bajo los efectos de la conmoción por los atentados terroristas del 11-M en Madrid, el Partido Socialista Obrero Español se alzó con la victoria en las elecciones legislativas, amplios sectores de la sociedad española creyeron que algo iba a cambiar en la política de este país, en particular en las relaciones entre el Estado y la Iglesia católica. No se trataba tanto de que se esperase un giro radical, como de que el país abandonase la senda del clericalismo al que parecía abocado con el gobierno del Partido Popular. Eso era al menos lo que parecía intuirse en las declaraciones que el líder socialista José Luis Rodríguez Zapatero había efectuado durante la campaña electoral, así como en los meses precedentes.

Es preciso recordar ahora que durante la anterior etapa de gobierno el Partido Popular había mostrado una sintonía absoluta con los sectores más conservadores e intransigentes de la jerarquía católica, y que de forma más o menos explícita había ido introduciendo cambios legislativos acordes con sus postulados. El último episodio de esa política, o por lo menos el más destacado, fue la aprobación de una ley de educación (LOCE) que imponía la enseñanza de la religión obligatoria para todos los alumnos de los centros educativos, con la única salvedad de que aquellos que no deseasen recibir enseñanza confesional pudieran cursar una asignatura alternativa equivalente pero no confesional... aunque sólo en apariencia, a la vista de los programas elaborados.

La llegada al poder de los socialistas truncó la aplicación de esta ley y las expectativas de la Iglesia, e hizo pensar a muchos que había por fin una oportunidad para avanzar hacia la laicidad del Estado. El propio presidente Zapatero en su discurso de investidura manifestaba

> se abre ahora un tiempo nuevo en la vida política de España. En él, quiero asegurar el protagonismo ciudadano a que todos tenemos derecho en una sociedad tolerante, laica, culta y desarrollada como debe ser la nuestra.

Sin duda la connivencia anterior del Partido Popular con la jerarquía eclesiástica tenía mucho que ver con la actitud de los socialistas, pero también es cierto que determinados sectores del PSOE simpatizaban abiertamente con el laicismo y que en tales circunstancias hallaron el caldo de cultivo propicio para sus reivindicaciones.

Las medidas adoptadas durante los dos primeros años de gobierno socialista, derogación de la LOCE y propuesta de una ley de educación menos proclive a las exigencias de la Iglesia católica, agilización de los trámites necesarios para la tramitación del divorcio, apertura a la investigación con células madre embrionarias, regulación por ley del matrimonio entre personas del mismo sexo... fueron en esa línea, pero tensaron las relaciones con la Iglesia, que reaccionó con virulencia acusando al ejecutivo español de intentar destruir la "verdadera" familia y de atentar contra la libertad religiosa, cuando lo único que estaba haciendo era cumplir con sus compromisos electorales y extender determinados derechos civiles siguiendo la voluntad mayoritaria de los ciudadanos.

Sin embargo, la presión de la Iglesia católica aliada con el ala más reaccionaria del Partido Popular fue en aumento. Algunos periódicos de amplia difusión, como *ABC* y *El Mundo*, y sobretodo la cadena COPE, emisora radiofónica propiedad de la Conferencia Episcopal Española (CEE), fustigaron duramente al gobierno acusándolo de perseguir a los católicos y de querer criminalizarlos, se utilizó —y se sigue utilizando— de manera vergonzosa el intento de poner en marcha un proceso de paz en el País Vasco para hacer creer a la opinión pública que se iba a claudicar de forma inmoral ante el terrorismo, y se impulsaron manifestaciones multitudinarias contra las principales iniciativas del gobierno, en un intento de dividir a la ciudadanía y crispar el ambiente político del país.

El punto álgido de esta primera escalada de tensión se vivió a lo largo de 2005. En enero el todavía papa Juan Pablo II pronunciaba un enconado discurso ante un grupo de obispos españoles que realizaban su preceptiva visita *ad limina* al Vaticano encabezados por el entonces presidente de la CEE, el ultramontano cardenal Antonio María Rouco Varela. En ese discurso, refiriéndose al gobierno del presidente Zapatero, el Papa manifestaba:

> En España se va difundiendo una mentalidad inspirada en el laicismo, ideología que lleva gradualmente de forma más o menos consciente a la restricción de la libertad religiosa hasta promover un desprecio o ignorancia de lo religioso, relegando la fe a la esfera de lo privado y oponiéndose a su expresión pública.

Pero los cambios operados en los meses siguientes en la cúpula de la Iglesia, primero en marzo con la inesperada elección del "moderado" obispo de Bilbao, Ricardo Blázquez, como presidente de la CEE, y en abril con la entronización de Joseph Ratzinger como Benedicto XVI, abrían la puerta a un cambio de escenario en las delicadas relaciones entre la Iglesia católica y el Estado. A pesar de esos relevos la Iglesia española todavía lideraba dos meses más tarde una manifestación en Madrid contra el llamado "matrimonio gay", y en noviembre se sucedía otra gran manifestación contra la Ley Orgánica de Educación (LOE) que se estaba tramitando en el Congreso, en ambos casos con una nutrida presencia de obispos entre los manifestantes. Esta radicalización de la Iglesia y de los elementos más reaccionarios de la sociedad terminaron por hacer mella en el gobierno.

Ante esta situación los sectores laicistas del PSOE y de otras fuerzas afines tampoco permanecieron inactivos. En noviembre de 2005 el Grupo Parlamentario de Izquierda Unida-Iniciativa per Catalunya-Verds (IU-ICV) presentó en el Congreso de los Diputados una enmienda que proponía limitar la aportación a la Iglesia católica únicamente a lo asignado por los contribuyentes en la declaración del IRPF, eliminando de los Presupuestos Generales de 2006 toda asignación de carácter complementario, lo que en la práctica hubiese supuesto una sustancial reducción de la aportación a la Iglesia por parte del Estado. La enmienda fue derrotada por amplia mayoría, pero puso de manifiesto la existencia de discrepancias internas en las filas socialistas, ya que siete diputados de ese grupo parlamentario rompieron la disciplina del partido, tres de ellos votaron a favor de la propuesta —Angel Martínez Sanjuán, portavoz de Interior; Álvaro Cuesta, secretario de Libertades Públicas del PSOE; y Francisco Garrido, portavoz confederal de Los Verdes—, y otros cuatro se abstuvieron, por lo cual todos ellos fueron después sancionados por su propio partido. A la vista del relativo "éxito" de la iniciativa IU-ICV repitió su intento de llevar el tema al Congreso mediante una moción en la que proponía denunciar los acuerdos del Estado con la Santa Sede y suprimir el sistema de financiación de la Iglesia a través del IRPF, así como las exenciones fiscales que ésta disfruta. En esa ocasión el voto tuvo carácter secreto y, ante la "sorpresa" del hemiciclo, la propuesta contó con 32 votos a favor, lo que implicaba necesariamente el respaldo de, por lo menos, 16 ó 17 diputados socialistas.

A pesar de estas reacciones los cambios que se habían producido en la cúpula eclesiástica allanaron el camino para que el gobierno español, abrumado por la presión que se había ido acumulando, viese la oportunidad de recomponer las relaciones con la Iglesia. Ante el temor de que la situación se enconase más el presidente Zapatero optó por introducir también nuevos interlocutores y delegó esta delicada misión en la vicepresidenta María Teresa Fernández de la Vega. El cambio de disposición del ejecutivo español empezó a ponerse de manifiesto a partir del mismo mes de noviembre, con una entrevista mantenida entre la vicepresidenta del gobierno y el entonces Secretario de Estado del Vaticano, el cardenal Ángelo Sodano. El encuentro sirvió para desbloquear la situación y poner las bases para una mayor colaboración. El "deshielo" se materializó en marzo de 2006, con el nombramiento como nuevo embajador ante la Santa Sede del hasta entonces alcalde de La Coruña, Francisco Vázquez, un "declarado" católico practicante que empezó su cometido con unas manifestaciones en las que afirmaba que su gobierno "había ofendido gratuitamente a la Santa Sede al sacar la ley de matrimonios homosexuales justo unos días después de la toma de posesión del nuevo Papa, Benedicto XVI", lo que daba una muestra de su peculiar "talante" diplomático y, dicho sea de paso, de una concepción un tanto sorprendente de los intereses del Estado, sobre todo porque las supuestas "ofensas" poco tenían que ver con cuestiones de calendario, sino más bien de fondo, pues lo que irritaba al Vaticano no era tanto el momento como la propia aprobación de la ley, y el precedente que representaba a nivel internacional. A partir de ahí el cambio de rumbo del gobierno socialista empezó a tomar cuerpo, a pesar de algunas pequeñas desavenencias con la Iglesia, más formales que efectivas, como la ausencia del presidente Zapatero en la misa celebrada por Ratzinger en su fugaz visita a Valencia en julio de 2006 para asistir al V Encuentro Mundial de las Familias.

En septiembre, después de un proceso de negociación mantenido casi en secreto, el ejecutivo español anunció un acuerdo de carácter "estable" con la cúpula eclesiástica para modificar, a partir del ejercicio de 2007, el modelo de financiación económica de la Iglesia católica que estaba vigente desde 1988. La modificación introducida significa un incremento substancial de la parte de sus impuestos que los contribuyentes pueden destinar a la Iglesia al efectuar su declaración de renta (IRPF), que pasará del actual 0,5239% al 0,70%. Para ello quienes lo deseen sólo tienen que marcar una casilla específica del impreso de la declaración y el porcentaje establecido —sin ningún coste económico para su bolsillo— irá automáticamente a las arcas de la Iglesia. El funcionamiento del nuevo modelo no será en esencia demasiado distinto del anterior: los declarantes pueden optar por marcar la casilla de la Iglesia, otra casilla denominada "otros fines de interés social", con lo cual se destina la misma cantidad a organizaciones de carácter social —muchas de ellas pertenecientes también a la Iglesia—, las dos casillas a la vez, con lo que se duplica la aportación del declarante, o no marcar ninguna de ellas, en cuyo caso los impuestos van a parar íntegramente al Estado. Con el nuevo sistema de financiación la Iglesia verá generosamente aumentados sus ingresos en un 33,6%, siempre que el número de contribuyentes que optan por cederle parte de sus impuestos se mantenga en un nivel similar al del año anterior, pasando de recibir 144 millones de euros en 2006, a unos 175 millones de euros aproximadamente en 2007. No hay que olvidar que esa cantidad, que va destinada principalmente al sostenimiento del clero, representa sólo una pequeña parte de lo que la Iglesia católica percibe del Estado, que también sufraga las escuelas católicas, los profesores de religión, la asistencia social, el

mantenimiento del patrimonio eclesiástico y establece desgrava-
ciones fiscales. Un importe que, según las fuentes, oscila en total
entre los 5.000 y los 6.000 millones de euros anuales, eso es cerca
de un billón de las antiguas pesetas.

Además, con este incremento, el gobierno y la Iglesia solven-
tarán dos problemas adicionales: el primero es que desde que entró
en funcionamiento el actual sistema de asignación tributaria la
Iglesia católica jamás ha logrado el apoyo del número suficiente de
contribuyentes como para lograr sus objetivos de financiación.
Pero lo que es aún más significativo, el porcentaje de los que optan
por asignar una parte de sus impuestos a la Iglesia desciende de
forma progresiva en cada ejercicio fiscal, con lo que sus ingresos a
través de la declaración de la renta han caído muy por debajo de sus
expectativas iniciales. Eso "obligaba" al Estado a asignar cada año
una partida extraordinaria en los presupuestos para que la Iglesia
pudiese cubrir sus "necesidades". Esas asignaciones venían hasta
entonces consignadas en los presupuestos generales, de forma que
hacían pública y evidente la existencia de una financiación directa
de la Iglesia por parte del Estado, poniendo a su vez de manifiesto
una flagrante violación de la aconfesionalidad recogida en la
Constitución. En realidad el nuevo modelo tampoco resuelve este
problema, tan sólo lo "disimula", porque confiere la apariencia de
que son los ciudadanos los que libremente contribuyen a sostener
la Iglesia, pero en definitiva es el Estado el que sigue pagando, porque las aportaciones no se "añaden" a la cantidad que debe pagar
cada contribuyente, sino que se "deducen" de esa cantidad, con lo
cual aquellos que en su declaración marcan la casilla de la Iglesia
pagan en términos objetivos menos impuestos que los que optan
por no hacerlo. Todo eso al margen de la dificultad evidente para
justificar que un Estado "no confesional" deba ocuparse de recau-
dar fondos para mantener una única y exclusiva "confesión religiosa", o que deba sufragar los gastos de dicha recaudación.

El segundo escollo que trataba de salvar el incremento pactado era de naturaleza internacional, ya que España había sido conminada en diversas ocasiones por la Comisión europea a poner fin a la exención fiscal del IVA que mantenía en exclusiva para los objetos destinados al culto de la Iglesia católica, ya que entraba en conflicto con la VI Directiva comunitaria sobre armonización fiscal. Eso permitía a la Iglesia ahorrar cada año mucho dinero en impuestos que dejaba de pagar, y que en el futuro deberá "asumir" dentro de ese incremento pactado con el gobierno. En el fondo, esta reforma resulta difícil de comprender procediendo de un partido que, en julio de 2004, tan sólo un par de años antes, afirmaba a través de su ministro de trabajo y asuntos sociales, Jesús Caldera, refiriéndose por supuesto a la Iglesia católica, "que el Estado financie a esta confesión religiosa tendrá que acabarse algún día". De forma similar, la vicepresidenta, Maria Teresa Fernández de la Vega, declaraba en noviembre de 2005, menos de un año antes de firmarse el acuerdo, "hemos llegado a un punto donde las aportaciones del Estado a la Iglesia católica, que han ido a más cada año, tendrán que ir a menos".

Pero todas esas medidas tenían algunas consecuencias previsibles para cualquier observador avezado. En una sociedad que se declara no confesional y en la que la religión católica coexiste con otras religiones resulta cada vez más difícil mantener el monopolio católico de los privilegios. Las confesiones declaradas de "notorio arraigo" a principios de los años noventa aspiraban desde hacía mucho tiempo a conseguir el mismo trato que había logrado la Iglesia católica, y la voluntad de acallar críticas por el acuerdo económico firmado llevó al gobierno a aplicar la política del "café para todos", sin valorar suficientemente los riesgos que eso podía encerrar. Ya en octubre de 2004 el gobierno había creado la Fundación Pluralismo y Convivencia, dependiente del Ministerio de Justicia, con el objetivo declarado de "colaborar con la integración social de las confesiones religiosas minoritarias que hayan celebrado acuerdos de cooperación con el Estado, o hayan obtenido notorio arraigo en España, así como con el fomento del pleno ejercicio de la libertad religiosa". La realidad es que detrás de ese eufemismo la citada fundación otorga cada año ayudas económicas a las confesiones minoritarias con la única condición de que los fondos recibidos no se destinen a actividades de culto. Sólo durante el año 2006 los importes concedidos por esta vía a las confesiones islámica, evangélica y judía se acercaron en total a los 3,5 millones de euros.

A pesar de esa "generosa" colaboración, el acuerdo firmado con la Iglesia católica obligó al gobierno a ceder ante las lógicas reclamaciones de las confesiones minoritarias, lo que propició una nueva "vuelta de tuerca" en la consolidación efectiva de un régimen político de corte pluriconfesional. En mayo de 2007, durante una rueda de prensa presidida por el ministro de Justicia, Mariano Bermejo, la directora general de Asuntos Religiosos, Mercedes Rico, anunciaba que el gobierno había abierto negociaciones para la inclusión de una casilla en la declaración de la renta para que los contribuyentes puedan también destinar el 0,7% de sus impuestos a la Federación de Entidades Religiosas Evangélicas de España (FEREDE), al igual que pueden hacer, si lo desean, con la Iglesia católica. Cuando se le preguntó sobre la posibilidad, evidente a la vista de los antecedentes, de que el sistema se hiciese extensivo a otras religiones, se limitó a apuntar que la Iglesia evangélica era la primera que lo había solicitado, y que esa medida sólo se tomaría con aquellas confesiones que tuviesen acuerdos firmados con el Estado, lo que no dejaba de ser una perogrullada, pues sólo faltaría que el Estado se dedicase a financiar confesiones con las que no tuviese ningún acuerdo establecido.

El último campo en que el gobierno de Zapatero se vio "obligado" a claudicar es en el de la educación. La redacción de la LOE, aprobada por el Congreso de los Diputados en la primavera de

2006, mantenía la asignatura de religión confesional en los planes de estudio —obligada por los acuerdos con la Santa Sede— pero la convertía en asignatura de libre elección para los alumnos y dejaba en suspenso la obligación de cursar una alternativa. Además dejaba la puerta abierta a que esa asignatura no contase para la nota media, para repetir curso ni para obtener becas. Por su parte los profesores de religión, seleccionados por los obispos y pagados por el Estado, pasarían a estar regulados por lo dispuesto en el Estatuto de los Trabajadores y su remoción "se ajustaría a derecho". Pero los decretos para desarrollar el contenido de la ley que el gobierno presentó en otoño fueron en una dirección muy distinta: la religión confesional se oponía a una alternativa de "enseñanza y cultura de las religiones" con unos contenidos asombrosamente similares a los que en su día propuso la derogada LOCE, aunque también permitirá a los alumnos que no deseen realizar ninguna de esas dos opciones recibir la "debida atención educativa", sin especificar qué significa semejante embrollo. Ambas asignaturas serán evaluables, aunque después la nota obtenida no contará para la media ni para las becas. En cuanto a los profesores de religión, seguirán dependiendo del criterio "arbitrario" de los obispos tanto para su designación como a la hora de decidir sobre su continuidad.

El objetivo del gobierno con todas esas concesiones era tan ingenuo como previsible: aplacar la ira de los obispos. Se trataba de ceder a algunas de sus exigencias para contrarrestar el descontento provocado por las medidas adoptadas durante la primera mitad de la legislatura. El fin era acercarse a los elementos moderados de la jerarquía eclesiástica aprovechando el nuevo liderazgo de Blázquez al frente de la CEE, para reducir la agobiante presión mediática a la que estaba siendo sometido el ejecutivo y llegar así a las elecciones legislativas, en marzo de 2008, en medio de una cierta "paz social". Pero la maniobra pronto topó con la cruda realidad, porque el acceso de Blázquez en 2005 a la presidencia de la CEE no había sido más que una anécdota propiciada por el particular sistema de elección de los obispos, que por un solo voto había impedido a Rouco conseguir la mayoría de dos tercios necesaria para ser reelegido en el cargo. En la práctica, los máximos representantes del ala radical del episcopado, con Rouco y el arzobispo de Toledo y cardenal primado de España, Antonio Cañizares, desde el puesto de vicepresidente de la CEE, a la cabeza, seguían moviendo los hilos en la trastienda con el convencimiento de que la alternativa al gobierno de Zapatero pasaba por un retorno al poder del Partido Popular, lo cual para ellos no dejaba de ser una buena apuesta.

El modelo educativo diseñado por la LOE, a pesar de las concesiones efectuadas, preveía la introducción en los planes de estudio de una nueva asignatura obligatoria denominada "Educación para la ciudadanía", que iba a jugar un papel crucial en las delicadas relaciones entre el gobierno y la cúpula eclesiástica. Esa asignatura tenía como propósito

ofrecer a todos los estudiantes un espacio de reflexión, análisis y estudio acerca de las características fundamentales y el funcionamiento de un régimen democrático, de los principios establecidos en la Constitución española y las declaraciones universales de los derechos humanos, así como de los valores comunes que constituyen el sustrato de la ciudadanía democrática en un contexto global.

Algo así no podía ser tolerado por la "Iglesia", que pretende erigirse en fuente única de legitimidad moral y concibe el sistema educativo como una extensión de su acción pastoral. La introducción de una asignatura sobre valores cívicos, al margen de la doctrina católica, disparó todas las alarmas entre los prelados porque ponía en cuestión su monopolio ideológico en los centros educativos, y eso no estaban dispuestos a permitirlo.

En una ofensiva sin precedentes la Iglesia puso en marcha todos sus resortes para combatir la asignatura de "Educación para la ciudadanía". Ya en febrero de 2007 la Comisión Permanente de la CEE había hecho pública una primera Declaración, a la que seguirían otras en los meses siguientes, en la que manifestaba su grave preocupación porque, según su punto de vista, la nueva ley "lesionaba" los derechos fundamentales de los ciudadanos, al introducir una "formación estatal y obligatoria de la conciencia" que imponía "el relativismo moral y la ideología de género", además de ser contraria a los acuerdos entre la Santa Sede y el Estado español. El mensaje se acompañaba de un velado llamamiento a la objeción de conciencia contra la controvertida asignatura por considerar que invadía el ámbito de la formación de la conciencia moral de los alumnos, al contradecir, a su juicio, el apartado tercero del artículo 27 de la Constitución, que dice "los poderes públicos garantizan el derecho que asiste a los padres para que sus hijos reciban la formación religiosa y moral que esté de acuerdo con sus propias convicciones" y, de rebote, entrar en competencia directa con los contenidos de la asignatura de religión. Lo que omitía deliberadamente la Iglesia es que el apartado segundo, del mismo artículo 27 de la Carta Magna, también recoge que "la educación tendrá por objeto el pleno desarrollo de la personalidad humana en el respeto a los principios democráticos de convivencia y a los derechos y libertades fundamentales", que es precisamente el ámbito que pretende desarrollar la denostada asignatura de "Educación para la ciudadanía". La Iglesia tampoco explicaba, por descontado, que la idea de introducir el estudio de los valores de ciudadanía en el sistema educativo sigue las recomendaciones del Consejo de Europa, que ya declaró el año 2005 como "Año Europeo de la Ciudadanía a través de la Educación", con el objetivo de promover los valores cívicos e impulsar la cohesión social en los estados de la Unión Europea, recomendación que han recogido la mayoría de estados europeos sin ningún contratiempo digno de mención.

A pesar de la oposición abierta de la CEE, los centros educativos católicos integrados en la mayoritaria Federación Española de Religiosos de Enseñanza-Centros Católicos (FERE-CECA) y en Escuelas Católicas (EYG), atrapados entre las posiciones maximalistas de la jerarquía eclesiástica y la posibilidad de poner en peligro, en caso de negarse a aplicar la nueva ley, los conciertos económicos suscritos con el Estado —que constituyen su principal fuente de ingresos—, se debatían sobre la conveniencia de seguir las instrucciones de los obispos o de pactar con el gobierno una aplicación de la asignatura "ajustada" a su ideario. Además, resultaba obvio a esas alturas que la posibilidad de "objetar" podría comportar serias consecuencias para aquellos alumnos que optaran por secundarla, pues dejarían de cursar una asignatura obligatoria imprescindible para completar su expediente académico.

En los meses siguientes las relaciones entre el gobierno y los obispos se fueron enrareciendo cada vez más. En una carta pastoral, titulada "Orientaciones sobre Educación para la Ciudadanía", el arzobispo Cañizares lanzaba una dura diatriba contra el gobierno al denunciar que el Estado "no puede imponer legítimamente ninguna formación de la conciencia moral de los alumnos al margen de la libre elección de sus padres", porque de esta forma "traspasa sus competencias y viola o lesiona derechos fundamentales de los padres y de la escuela libremente elegida". Al mismo tiempo lanzaba una seria admonición a los centros educativos católicos que se habían desmarcado de los obispos, al señalar que impartir esa asignatura significaría "colaborar con el mal", incluso aunque fuese adaptándola al ideario de los colegios.

Ante semejantes provocaciones el gobierno se vio en la obligación de responder. La réplica socialista llegó durante el acto de clausura del XXIII Congreso Federal de las Juventudes Socialistas, de la mano del presidente del gobierno, quien manifestó: "somos generosos y sensibles con todas las confesiones religiosas, en un sistema democrático caben todas las opciones y creencias, pero somos claros en nuestros principios. Éste es un Estado aconfesional y una sociedad laica", para terminar advirtiendo que "ninguna fe puede imponerse a las leyes en un sistema democrático". Las palabras del presidente tuvieron una respuesta inmediata del arzobispo Cañizares, quien durante un curso en la Fundación Universidad Rey Juan Carlos se reafirmaba en sus acusaciones al gobierno de "ir en contra de la sociedad", y declaraba que "el laicismo tampoco puede estar por encima de la ley". Mientras, el secretario y portavoz de la CEE, el jesuita Juan Antonio Martínez Camino, salía en su apoyo acusando sin contemplaciones al gobierno de vulnerar los "derechos humanos", lo que resulta cuando menos paradójico si tenemos en cuenta que, como en cierta ocasión escribió el expresidente del Parlamento europeo, Josep Borrell, en un excelente artículo publicado por *El País* en diciembre de 2002, titulado "Dejemos a Dios en paz", "en materia de democracia, derechos humanos e igualdad Dios es un converso reciente". De este combate la Iglesia católica no saldría demasiado airosa...

Al día siguiente, la vicepresidenta primera del gobierno, María Teresa Fernández de la Vega, que hasta entonces había sido la responsable de dirigir las relaciones con la Iglesia católica, tras un desayuno del Foro de la Nueva Sociedad al que también había asistido como invitado el obispo de Bilbao y presidente de la Conferencia Episcopal, Ricardo Blázquez, advertía en tono gélido que "no cabe la objeción a la asignatura de Educación para la ciudadanía", además de recordar que "en un Estado democrático el 'peso de la ley' recae sobre quien no cumple las normas". El obispo de Bilbao, más conciliador, respondía recordando las palabras empleadas por Juan Pablo II en Cuatro Vientos durante su última visita a España en 2003 que "la fe se propone, la fe no se impone", en referencia a la asignatura que había actuado como desencadenante de las hostilidades. Por último, el ministro de Justicia, Mariano Fernández Bermejo, añadía que

*en un Estado de derecho todo el mundo está obligado
por la ley, también los credos religiosos. El Gobierno espera
que la cordura prevalezca, que todo el mundo cumpla la ley.
El que no la cumpla, tendrá que atenerse a las consecuencias.*

Por aquel entonces el gobierno del PSOE ya había comprendido
que todas las concesiones realizadas en los meses precedentes habían sido en vano y que desde ese mismo momento se enfrentaba a una
guerra abierta. En medio de la contienda, el flamante embajador en
el Vaticano, Francisco Vázquez, parecía no entender absolutamente
nada al mostrarse "muy sorprendido" ante el clima de confrontación
pública generado y manifestar que a pesar de ello se mostraba "muy
contento" por el curso de las relaciones entre el Estado y la Iglesia
católica...

Resulta difícil sostener que la enseñanza de los derechos y los
deberes ciudadanos, de los principios democráticos, de los valores
de la solidaridad, del respeto y la tolerancia atenten contra los
derechos individuales de los ciudadanos, como insiste la Iglesia,
bajo el pretexto de que el Estado pretende utilizar el sistema educativo para imponer una formación moral contraria a la deseada por
los padres de los alumnos. Los padres pueden tener derecho a
orientar la educación de sus hijos, es indudable, pero tampoco pueden disponer de un derecho ilimitado a ello. Nadie en su sano juicio defendería que los padres tengan derecho a adoctrinar a sus
hijos en el racismo, la homofobia, la xenofobia, ni a adiestrarlos en
el robo, el asesinato o el terrorismo, suponiendo que esa fuese su
intención. Un régimen democrático probablemente también tendría derecho a impedir la enseñanza de determinadas doctrinas
como el nazismo, u otras que tuviesen como objetivo acabar con la
libertad o subvertir la propia democracia, aun cuando todos
podamos coincidir en que siempre resulta deseable conseguir el
máximo consenso posible sobre cuáles deben ser esos contenidos

mínimos. No parece por tanto razonable negarle al Estado la posibilidad de trasmitir a los ciudadanos los principios fundamentales del sistema democrático y del Estado de derecho, y menos aún cuando quien pretende negarle esa capacidad es nada menos que la Iglesia, cuya aspiración secular ha sido imponer su doctrina en los centros educativos para transformarlos en plataformas de evangelización, de adoctrinamiento ideológico.

La estrategia de los sectores más conservadores del obispado era sencilla: mostrar la fuerza de la Iglesia en Madrid, iniciar su particular campaña para descabalgar al presidente de los obispos, a quien los "halcones" de la CEE —en la terminología *neocons* que tanto agrada últimamente a la derecha española— consideraban un advenedizo, restituir a Rouco Varela en el cargo en las elecciones previstas a primeros de marzo, pocos días antes de las elecciones generales, y apoyar un endurecimiento del acoso al gobierno para facilitar la victoria en las urnas del Partido Popular, más proclive a sus intereses. En un tono apocalíptico cercano a la paranoia los prelados repetían sin descanso su obsesivo discurso en contra de la asignatura "maldita" y en favor de una única modalidad de familia heterosexual configurada para procrear descendencia —sin explicitarlo descendencia católica—, y sin ningún indicio de querer reconocer la realidad: que la sociedad ha cambiado, que es plural, que no comprende los exabruptos de los obispos contra algo tan natural como la formación en la cultura cívica, y que en ella conviven distintos modelos de familia, todos ellos legítimos, porque han sido escogidos libremente por los ciudadanos, configurando una nueva realidad que es conveniente regular desde una concepción plural y democrática del Estado.

Pero cuando parecía que se iba a llegar al final de la legislatura sin mayores sorpresas la Iglesia católica rompía de nuevo la baraja sacando de nuevo a la calle a sus incondicionales con una contundencia que no dejaba lugar a dudas. El 30 de diciembre de

2007, bajo el lema "Por la familia cristiana", entre 150.000 y 250.000 personas se manifestaban en la Plaza de Colón, de Madrid, en contra del gobierno de Zapatero y en apoyo implícito al Partido Popular. Durante los parlamentos, el Papa Benedicto XVI, mediante una conexión en directo a través de las pantallas gigantes, saludó a los asistentes desde el balcón de la basílica de San Pedro para respaldar la iniciativa de los obispos. Pero el verdadero protagonista del acto fue el cardenal arzobispo de Valencia, Agustín García-Gasco, quien ante un crucifijo de grandes dimensiones y desde una concurrida tribuna en la que se congregaban casi medio centenar de obispos, auguró "la disolución de la democracia" si prosigue "la cultura del laicismo radical" impulsado por el gobierno, un "fraude que no respeta la Constitución" y "conduce a la desesperanza por el camino del aborto, el divorcio exprés y las ideologías que pretenden manipular la educación de los jóvenes". A su vez el cardenal arzobispo de Madrid, Antonio María Rouco Varela, afirmaba que la política social del gobierno supone "una marcha atrás en los derechos humanos". Las cartas estaban sobre la mesa: a partir de ese instante la Iglesia se convertía en un agente destacado de la campaña electoral. Aquellos que habían apostado por atemperar a los obispos con concesiones veían arruinada su estrategia y quedaban obligados a reconocer su fracaso más estrepitoso.

La Ejecutiva Federal del PSOE hizo público un comunicado de respuesta con el explícito título de "Las cosas en su sitio", en el que se defendía de las acusaciones de los obispos afirmando que "en un régimen de libertades, la fe no se legisla. La legitimidad de los valores y de las reglas de la convivencia emana de los principios y procedimientos constitucionales", añadía que "sólo quienes deliberadamente ignoran o no respetan estos principios se apartan de los fundamentos esenciales de la democracia", a la vez que advertía: "los socialistas, no daremos ningún paso atrás". Las sucesivas declaraciones del presidente y otros líderes socialistas ponían el acento en la política social impulsada por el gobierno de Zapatero, recordando que durante su mandato se habían aprobado importantes medidas para la protección de la familia, como la Ley de Dependencia. El PP por su parte, que había tratado de mantenerse en un segundo plano y desmarcarse de la iniciativa de la Iglesia para evitar dar una imagen demasiado escorada hacia la derecha, quedaba en "fuera de juego" por su papel de comparsa e intentaba a destiempo recuperar la iniciativa, manifestando su apoyo a una Iglesia que le había "robado" la cartera en el rol de oposición política al gobierno. Los demás partidos políticos trataban de posicionarse en la polémica según su color, y el coordinador general de (IU-ICV), Gaspar Llamazares, llegó a declarar con sorna, aludiendo a las estériles concesiones efectuadas por el PSOE en los meses precedentes, y recreando el conocido dicho popular: "cría obispos y te sacarán los ojos".

Las bases del desencuentro estaban sembradas y el conflicto estalló definitivamente con una virulencia sin precedentes desde la instauración de la democracia. El 30 de enero, tras una reunión ordinaria de la Comisión Permanente de la Conferencia Episcopal, los obispos emitieron una "nota" oficial ante la proximidad de las elecciones generales en España en la que hacían un llamamiento explícito a votar por aquellas opciones políticas cuyos programas fuesen "compatibles con la fe y las exigencias de la vida cristiana", en una crítica directa a la política legislativa impulsada por el PSOE, y establecía una extemporánea correspondencia entre la moral católica y una supuesta moral "objetiva" de obligado cumplimiento, al afirmar que "no pretendemos que los gobernantes se sometan a los criterios de la moral católica. Pero sí que se atengan al denominador común de la moral fundada en la recta razón". Es decir, los gobernantes, tal como ha expuesto reiteradamente Benedicto XVI en sus encíclicas, deben someterse a la "recta razón" que, paradojas de la vida, coincide con las verdades de la Iglesia. Para terminar de rematarlo, la nota de los obispos censuraba con dureza al gobierno por su estrategia de diálogo con ETA para tratar de alcanzar un acuerdo de paz en el País Vasco, que a la postre resultó fallida, al afirmar que

> *una sociedad que quiera ser libre y justa no puede reconocer explícita ni implícitamente a una organización terrorista como representante [...] ni puede tenerla como interlocutor político.*

La Iglesia parecía olvidar dos cosas, que dicho proceso había contado con la autorización previa del Parlamento español, y que el propio presidente de los obispos, Ricardo Blázquez, había actuado como mediador en el proceso de negociación con ETA —o quizás algunos prelados lo recordaban demasiado bien y buscaron precisamente colocarle en una situación incómoda—, manteniendo en todo momento informado al secretario para las relaciones con los Estados del Vaticano, monseñor Giovanni Laiolo, del curso de las negociaciones. Por lo demás, la Iglesia ya ha intervenido en otras ocasiones como mediadora en el conflicto vasco. Sin ir más lejos, el actual obispo de San Sebastián, Juan María Uriarte, en mayo de 1999, siendo obispo de Zamora, tuvo un papel importante en las negociaciones mantenidas con ETA durante el gobierno del presidente Aznar, llegando a participar, junto a Joseba Segura, delegado de pastoral social en el Obispado de Bilbao, en una reunión mantenida en Vevey (Suiza) por una delegación del gobierno español con representantes de ETA, según recogieron entonces distintos medios de comunicación. En aquella ocasión incluso la Radio Vaticana llegó a emitir una entrevista en directo con representantes de Batasuna. Quizás por eso el Vaticano se ha limitado a romper su silencio reverencial sólo para señalar la independencia de la CEE a la hora de decidir sobre las orientaciones que debe dar a sus "fieles"...

Pero la implicación de la Iglesia en procesos de negociación con el terrorismo tampoco termina aquí. Entre las "anécdotas" más conocidas cabe recordar la carta pastoral conjunta que los tres obispos vascos —que hoy siguen al frente de las mismas diócesis, incluyendo al presidente de la CEE— publicaron en mayo de 2002, titulada "Preparar la paz", en la que auguraban "consecuencias sombrías" que "deberían ser evitadas" si se hacía efectivo el proceso de ilegalización de Batasuna, iniciativa que fue secundada por una carta de apoyo emitida entonces por 358 sacerdotes vascos pertenecientes a la Coordinadora de Sacerdotes de Euskal Herria, próxima a la "izquierda abertzale". Una acción que fue ampliamente criticada por los partidos políticos y por la cual el gobierno de José María Aznar, irritado por el posterior silencio de la CEE, llegó a efectuar una protesta formal ante el Vaticano. También es bien conocido el papel desempeñado por el sacerdote redentorista irlandés Alec Reid en las negociaciones del gobierno británico con el Ejército Republicano Irlandés (IRA) durante el proceso de paz de Irlanda del Norte, con la aquiescencia del Vaticano, así como su incorporación al proceso negociador entre el gobierno socialista y ETA durante la última tregua, donde aportó su dilatada experiencia como mediador en conflictos de carácter terrorista.

La "nota" de la discordia, se publicó a escasas semanas del inicio oficial de la campaña electoral. En posteriores declaraciones el portavoz de la Conferencia Episcopal, Juan Antonio Martínez Camino, nombrado recientemente obispo auxiliar de Madrid —a las órdenes de Rouco— en reconocimiento a sus servicios, declaró en rueda de prensa que determinadas leyes "degeneran sin remedio en dictadura, discriminación y desorden", llegando a asociar, sin mencionarlo explícitamente, al PSOE con el mal mayor y al PP con el bien menor a la hora de decantar el voto en las elecciones, así como a utilizar el terrorismo para denigrar al gobierno, como había venido haciendo el PP durante toda la legislatura. Esto terminó de encender los ánimos en las filas socialistas, que entraron al trapo desencadenando una batalla dialéctica de primer orden.

El portavoz del PSOE en el Congreso, Diego López Garrido, leyó un comunicado de la Ejecutiva socialista en el que se calificaba a la CEE de "hipócrita y malintencionada" porque "lo que es inmoral es que los obispos, como el Partido Popular, utilicen el tema del terrorismo para hacer campaña electoral". El presidente del gobierno declaraba desde Ourense que "La actitud de la Iglesia va a abrir un debate social en España, pero una reacción que contemplase la ruptura de los acuerdos con la Santa Sede sería un error", amagando veladamente con abrir un debate público para revisar las relaciones entre la Iglesia y el Estado, que podrían incluir la revisión o la denuncia de los acuerdos con la Santa Sede, algo poco probable pero que demandan cada vez más sectores incluso dentro del propio PSOE, y que podría tener consecuencias nefastas para los intereses de la Iglesia. Por su parte, Alfonso Guerra, el expresidente del gobierno socialista de Felipe González y actual presidente de la Comisión Constitucional del Congreso de los Diputados, realizaba unas declaraciones incendiarias durante un acto de presentación de candidatos del Partido Socialista de Euzkadi (PSE) en Vitoria, donde ante Ramón Jáuregui, destacado integrante de la corriente Cristianos Socialistas del PSOE, y otros militantes socialistas, aseguró que "hay que tener cara" para afirmar "que en España es difícil la enseñanza de la religión", y advirtió que "antes o después no va a haber otro camino", ya que los obispos españoles "están apretando tanto, que aunque no se quiera reconocer, nos están llevando a la denuncia de los Acuerdos con la Santa Sede".

También la "diplomacia" española, que había mantenido un silencio sepulcral hasta entonces, tomó cartas en el asunto. El ministro de Asuntos Exteriores, Miguel Ángel Moratinos, se soltaba ante los medios de comunicación acusando a los obispos de "jerarquía integrista, fundamentalista, neoconservadora, que ni siquiera puede representar al sentimiento de la mayoría de los católicos españoles", y pedía al embajador ante la Santa Sede que trasladase —de forma verbal, oficiosa— al sustituto para los asuntos generales de la Secretaría de Estado del Vaticano, el arzobispo

Fernando Filoni, su "perplejidad y sorpresa" por algunos contenidos de la nota de los obispos españoles. El Vaticano contemplaba
con estupor el desbordamiento de la situación por temor a que la
política de los socialistas en España pudiese actuar como revulsivo
en otros lugares, en especial en Italia, donde la Iglesia mantiene
una presencia muy activa en política, y en iberoamérica, por la
debilidad coyuntural que posee en ese continente y por el ascen-
diente natural que allí posee nuestro país.

En un recrudecimiento final de las hostilidades el coordinador del programa electoral del PSOE, Jesús Caldera, aseguraba
durante la jornada de clausura de la Conferencia Política de su partido, en la que presentaba el programa electoral, que "nuestro programa es una apuesta por esa convivencia, porque el espacio social
sea un lugar para todos. Por eso reivindicamos la laicidad del
Estado. Porque es el Estado el que se ocupa de lo público. La Iglesia
no toleraría, y con razón, la injerencia de las leyes del Estado en el
catecismo. Y nosotros no podemos aceptar la sustitución de las
leyes del Estado por el catecismo", palabras que fueron acogidas
con una cerrada ovación por los asistentes. El secretario de organización del PSOE, José Blanco, ahondaba aun más en las heridas
declarando, durante una comparecencia en la sede del partido, en
lo que algunos medios interpretaron como una amenaza, que "la
jerarquía eclesiástica viene diciendo hace mucho tiempo que hay
que caminar hacia la autofinanciación, pues deberemos dar pasos
definitivos", aunque "cada vez tiene más difícil" la autofinanciación, "porque cada vez tiene menos seguidores". Preguntado por
el significado exacto de sus palabras Blanco se negó a precisar si
eso significaba que el PSOE tuviese previsto tomar alguna medida
contra el concordato, en caso de revalidar su mandato tras las
elecciones. A pesar de sus desavenencias con la Iglesia el PSOE ha
evitado incluir en su programa electoral medidas que pudiesen avi-
var la polémica, como la de legislar sobre la eutanasia o regular la

interrupción voluntaria del embarazo mediante una ley de plazos. En un primer momento amagó también con incluir una propuesta para modificar la LOLR (Ley Orgánica de Libertad Religiosa) con propósito de "actualización y ajuste constitucional", pero todo quedó en un globo sonda que no tuvo finalmente reflejo en el programa definitivo.

En medio del huracán todos los partidos trataban de posicionarse para no ser arrollados por la creciente polarización del conflicto. El portavoz en el Parlamento de Catalunya y candidato a las elecciones de Esquerra Republicana de Catalunya (ERC), Joan Ridao, consideraba el comportamiento de la CEE como "un episodio más en esta escalada de ofensiva conservadora", además de asegurar que "hay que apostar por la laicidad, y esto pasa por respetar la diversidad de las confesiones religiosas y por denunciar el concordato del Estado con la Santa Sede para hacer posible que la Iglesia se autofinancie y se asegure la plena laicidad en la escuela". Además, acusaba al PSOE de haber perdido la oportunidad de "apostar por la laicidad en los últimos cuatro años, cuando tenía alianzas para hacerlo". El candidato de Izquierda Unida, Gaspar Llamazares, proclamaba un *Decálogo para un verdadero estado aconfesional* que incluía la derogación de los acuerdos con el Vaticano, la sustitución de la actual LOLR y la creación de un registro de apostasías, entre otras medidas. Mientras, su socio de coalición, el candidato de Iniciativa per Catalunya-Verds (ICV), Joan Herrera, expresaba su deseo de "poner fin a los privilegios de la jerarquía eclesiástica para avanzar hacia un Estado laico", y anunciaba su apoyo a "aquellos que quieren un Estado laico y de los cristianos progresistas, decepcionados por la debilidad de Zapatero ante la conferencia episcopal". En cambio, la coalición Convergència i Unió (CiU), condicionada por la existencia en las bases de Unió Democràtica de Catalunya (UDC) de una influyente facción demócrata-cristiana, trataba de nadar y guardar la ropa asegurando a través de su secretario general, Antoni Duran i Lleida, que la jerarquía eclesiástica tenía derecho a posicionarse en cualquier tema, pero que su intervención era "inadecuada e impropia", y que la polémica sólo beneficiaba a los grandes partidos porque llevaba a la polarización de la realidad política.

Es importante recordar, dentro de esta renovada fiebre laicista de los partidos de izquierda, que tanto ERC como IU-ICV presentaron durante la última legislatura sendas propuestas en el Congreso de los Diputados para la reforma de la LOLR. En febrero de 2006, el grupo parlamentario de ERC formulaba su propuesta de reforma de la LOLR para equiparar los derechos y obligaciones de todas las confesiones, si bien su propuesta, un poco precipitada, no prestaba la atención suficiente a las opciones de conciencia no religiosas, y centraba su objetivo más en la transferencia de competencias a las comunidades autónomas que en una reforma a fondo de los principios ideológicos de la ley vigente. Por su parte, el grupo parlamentario de IU-ICV presentó en julio de 2006 una propuesta de Ley Orgánica de Libertad de Pensamiento, de Conciencia y de Religión que, como su nombre indica, tenía por objeto replantear el propio ámbito de la ley actual para conseguir una verdadera equiparación de derechos de todos los ciudadanos en materia de conciencia, independientemente de sus creencias o convicciones personales. Ninguna de ambas propuestas llegó siquiera a debatirse en el pleno del Congreso.

Ante el aluvión de críticas recibidas desde amplios sectores de la sociedad, la Iglesia trataba de defenderse aduciendo que el PSOE utilizaba la polémica generada para hacer campaña electoral, a la vez que reclamaba su derecho a pronunciarse sobre cualquier tema de la realidad civil y política. La libertad de expresar su opinión en cualquier ámbito y hasta de recomendar el voto para la formación política que considere conveniente —dado que la Iglesia no presenta listas propias— es un derecho que nadie le ha negado jamás. Sin embargo, la jerarquía católica no parece ser muy consciente de que por la misma razón que ella reclama libertad para intervenir en los debates públicos, cualquier ciudadano está también en su legítimo derecho de cuestionar las manifestaciones de sus representantes. Más aun cuando esa Iglesia tan dada a denostar a los poderes públicos que no secundan sus opiniones se sostiene con los recursos de todos los ciudadanos, sin ninguna consideración a su convicción ideológica, y disfruta de privilegios ingentes en relación a cualquier otra confesión religiosa u organización cívica de este país. Hoy en día la Iglesia católica, sin los privilegios que disfruta gracias a su relación preferente con el Estado, estaría en una situación cuando menos delicada, como se deduce del apoyo efectivo que recibe de sus supuestos fieles, por lo que tampoco estaría de más que procurase predicar un poco con el ejemplo y se aplicase algunas de esas virtudes "cardinales" que ella misma predica, como la "prudencia".

A raíz de las reacciones provocadas han surgido con posterioridad, dentro de la propia Iglesia, voces discrepantes con las orientaciones expresadas por la jerarquía. Es evidente que la opinión de los obispos no responde a la totalidad de sensibilidades presentes en la vasta estructura de la Iglesia. Pero tampoco debemos olvidar que la Iglesia católica es una organización de corte piramidal, con el Papa como autoridad suprema de una férrea estructura en la que los obispos, supuestos sucesores de los apóstoles, tienen a su cargo el gobierno y el cuidado de los fieles de sus respectivas diócesis —es el símil de los pastores y las ovejas que la misma Iglesia promueve—. No se trata pues de una organización horizontal, ni democrática. Su presunta "legitimidad" procede del Evangelio, por eso en el mundo también hay muchos otros cristianos que a lo largo de los siglos se apartaron de la "Iglesia" por discrepar de ese modelo, dando origen a nuevas Iglesias cristianas. Y por eso mismo los obispos siguen representando la voz "oficial" de la Iglesia católica, mientras no haya un pronunciamiento explícito del Vaticano en su contra.

Aun así merece la pena destacar la opinión más contemporizadora de algunos católicos, como la del abad de Montserrat, Josep Maria Soler, afirmando en su homilía dominical, una vez desencadenda la tempestad, que "en nuestra sociedad plural los miembros de la Iglesia no podemos pretender ningún monopolio, debemos proponer [...] a través del diálogo y la misericordia, y no desde la confrontación", y animando a "buscar la paz con todos los medios éticamente legítimos", en una clara alusión a la polémica suscitada por la referencia de los obispos al terrorismo. Actitudes como la suya dejaron en evidencia la supuesta moderación de los obispos catalanes, pues a nadie se le escapa que el cardenal arzobispo de Barcelona, Lluís Martínez Sistach, y el obispo de La Seu d'Urgell, Joan Enric Vives, en su calidad de miembros de la Comisión Permanente de la CEE, participaron como coautores en la elaboración de la denostada "nota" episcopal.

Entretanto, en España, el presidente, los ministros, los miembros del Tribunal Constitucional y otros representantes públicos siguen jurando o prometiendo sus cargos ante un crucifijo, como si su legitimidad todavía procediese de Dios. De las primeras declaraciones, al principio de la legislatura, que sugerían una posible revisión de los acuerdos con el Vaticano —nunca osaron proponer la derogación completa—, nefastos para el Estado y que en muchos aspectos establecen condiciones propias de un régimen confesional, pocos se atreven a hablar por temor a que alguien pueda colocarles en un aprieto. La decisión de Zapatero de abandonar sus titubeos iniciales con la laicidad, con la esperanza de ganarse la confianza de los obispos, funcionó durante un corto lapso de tiempo, el que éstos necesitaron para lograr concesiones que difícilmente habría obtenido de otros gobiernos afines, más predispuestos hacia sus intereses, pero también más obligados a mantener un cierto equilibrio ante la opinión pública. Esa es una estrategia habitual en la Iglesia, sabedora de que ante una coyuntura adversa siempre le resultará más rentable administrar con prudencia la tensión que cerrar completamente cualquier posibilidad de entendimiento con el gobierno. La situación ahora es distinta, el sector duro de la CEE ha lanzado un órdago porque teme perder las riendas de una Iglesia que se le escurre entre los dedos y una nueva legislatura con el PSOE en el gobierno abocaría al fracaso su pretensión de lanzarse a "recristianizar" el país. Todo eso sin darse cuenta de que la sociedad ha cambiado, y de que la propia pervivencia de la Iglesia pasa probablemente por adaptarse una vez más a los nuevos tiempos, por acomodarse a la "modernidad", por incorporar a su magisterio el principio de laicidad, como ya asumió a destiempo en su día los principios de libertad o de democracia. En cuanto al PP, tanto si gana como si al final vuelve a perder las elecciones, haría bien en abandonar el seguidismo clerical en el que se ha instalado durante los últimos años y en recuperar esa tradición liberal más civilizada, de separación entre Estado e Iglesia, que aún defienden a contracorriente algunos de sus "correligionarios", ahora condenados al ostracismo. Sólo así contará con alguna posibilidad de articular a medio o largo plazo una mayoría estable capaz de desarrollar un proyecto democrático asumible por un conjunto suficientemente amplio de ciudadanos.

En este contexto, el presidente Zapatero cometerá un error imperdonable si piensa que enterrar el asunto o efectuar nuevas concesiones es un peaje inevitable a pagar para superar el conflicto. La Iglesia sabe bien quiénes son sus verdaderos aliados, quién no le hará concesiones por necesidad sino porque comparte ideológicamente sus postulados, y por tanto siempre sabe a quién debe apoyar cuando los ciudadanos son llamados de nuevo a las urnas. Los socialistas lo han comprobado en sus propias carnes y ahora se dan cuenta de que no disponen, como acaso ingenuamente esperaban, de la gratitud de sus adversarios. La postrera visita del presidente del gobierno al nuncio apostólico, Manuel Monteiro de Castro, a las puertas de las elecciones generales, para transmitirle su contrariedad, tomar un "caldito" —o una opípara cena, poco importa—, limar asperezas y explorar nuevas vías de distensión con el Vaticano, bandeando a los obispos españoles más carpetovetónicos, es también un guiño a los electores católicos moderados para atemperar los efectos de la "galerna", pero a nadie se le escapa que en las últimas semanas el escenario ha cambiado radicalmente. Ha llegado pues la hora de que Zapatero demuestre si está dispuesto a apostar, con el respaldo de sus aliados en la defensa de las libertades, por un Estado laico, respetuoso con las creencias y convicciones de todos los ciudadanos, que siente las bases para el establecimiento de una sociedad libre y democrática de verdad, o por el contrario, si terminará supeditando una vez más todas las expectativas a un posible cálculo de réditos electorales. Ésta es una oportunidad única para abandonar los últimos resquicios del nacionalcatolicismo y concluir definitivamente la transición democrática en España, de abrazar por fin con los brazos abiertos nuevos horizontes de libertad.

BIBLIOGRAFÍA

He reunido en este apartado una selección de obras dirigidas a todos aquellos que deseen profundizar en el conocimiento del ateísmo y de la organización de la sociedad desde una perspectiva laica —en el sentido del término que he venido empleando en este libro—, incluyendo también algunas obras afines de otras disciplinas, como la ética o la historia. Eso no significa, ni mucho menos, que comparta todas las ideas expresadas en ellas, pero el intercambio de información y el contraste de opiniones forman parte consubstancial del pensamiento ateo, por eso he considerado que, a pesar de las posibles discrepancias, merecía la pena incluir en esta relación ciertas obras que por su contenido pueden contribuir a enriquecer los temas aquí debatidos. En aquellos casos en que ha sido posible he optado por incluir, de forma preferente, las versiones traducidas al castellano, por tratarse de la lengua de esta edición.

ALBIAC, GABRIEL; BUENO, GUSTAVO; DE MIGUEL, AMANDO; PUENTE OJEA, GONZALO Y SÁDABA, JAVIER. *La influencia de la religión en la sociedad Española*. Ediciones Libertarias-Prodhufi, 1994.

ALFARIC, PROSPER. *De la Foi à la Raison*. Publications de l'Union Rationaliste, 1955.
—. (PRÓLOGO DE ONFRAY, MICHEL). *Jésus a-t-il existé?* Editions Coda, 2005.
AMORÓS AZPILICUETA, J. J. *La libertad religiosa en la Constitución española de 1978*. Tecnos, 1984.
ANÓNIMO. *Tratado de los tres impostores (Moisés, Jesucristo, Mahoma)*. Tierradenadie Ediciones, 2006.
ARANA, JOSÉ IGNACIO DE. *Historias curiosas en la iglesia*. Espasa Calpe, 2001.
ARNHEIM, MICHAEL. *¿Es verdadero el Cristianismo?* Crítica, 1985.
ATIENZA, JUAN G. *Los pecados de la Iglesia*. Martínez Roca, 2000.
ATKINS, PETER W. *Cómo crear el mundo*. Crítica, 1995.
ATKINSON, JAMES. *Lutero y el nacimiento del protestantismo*. Alianza, 1985.
AVALOS, HÉCTOR. *¿Se puede saber si Dios existe?* Ediciones de la Revista Peruana de Filosofía Aplicada, 2000.
BAGÚ, SERGIO. *La idea de Dios en la sociedad de los hombres*. Siglo XXI, 1989.
BASSÓ, FREDERIC. *Cristianisme i Il·lustració: Conflicte obert*. Claret, 1988.
BAYLE, PIERRE. *Comentario filosófico sobre las palabras de Jesucristo "obligales a entrar"*. Centro de Estudios Políticos y Constitucionales, 2006.
BONALD, LOUISE G. AMBROISE DE. *Teoría del poder político y religioso*. Tecnos, 1988.
BORCHINI, ÁLVARO. *Jesús de Nazareth: el hombre hecho Dios*. Siglo XXI, 2002.
BOTTI, ALFONSO. *Cielo y dinero. El nacionalcatolicismo en España (1881-1975)*. Alianza, 1992.
BRUNO, GIORDANO. *Expulsión de la bestia triunfante*. Alianza, 1995.
—. *La cena de las cenizas*. Alianza, 1987.
—. *Sobre el Infinito Universo y los Mundos*. Orbis, 1984.
BUENO, GUSTAVO. *Cuestiones cuodlibetales sobre Dios y la Religión*. Mondadori España, 1989.
—. *El animal divino: ensayo de una filosofía materialista de la religión*. Pentalfa, 1996.
—. *Ensayos materialistas*. Taurus, 1972.
—. *La fe del ateo. Las verdaderas razones del enfrentamiento de la Iglesia con el*

Gobierno socialista. Temas de Hoy, 2007.

CAMÚS, ALBERT. *El mito de Sísifo*. Alianza, 1981.

CAPEL, HORACIO. *La física sagrada*. Serbal, 1986.

CARCENAC PUJOL, CLAUDE-BRIGITTE (PRÓLOGO DE PUJOL, LLOGARI). *Jesús 3000 años antes de Cristo*. Grijalbo, 2002.

CAREAGA VILLALONGA, IGNACIO Y PUENTE OJEA, GONZALO. *Animismo. El umbral de la religiosidad*. Siglo XXI de España Editores, 2005.

CARO BAROJA, JULIO. *Las formas complejas de la vida religiosa*. Círculo de Lectores, 1995.

CASTELLÀ, S.; GÓMEZ MOVELLÁN, A.; MARSET, J. C.; MOLINA, V.; OTAOLA, J.; PÁNIKER, S.; PEÑA-RUIZ, H.; PONT, J. F.; PUENTE OJEA, G.; SERRANO, J.; TUGORES, J.; VECIANA, R. E YZAGUIRRE, F. *Laicidad y derecho al espacio público. (II Encuentro por la laicidad en España, 2002)*. Fundació Francesc Ferrer i Guàrdia, 2003.

CASTELLÀ-GASSOL, J. *El dinero de la Iglesia*. Dirosa, 1975.

CELSO. *El discurso verdadero contra los cristianos*. Alianza, 1988.

CIÁURRIZ LABIANO, MARÍA JOSÉ. *La libertad religiosa en el Derecho español. (La ley orgánica de Libertad Religiosa)*. Tecnos, 1984.

CICERÓN, M. T. *Sobre la naturaleza de los dioses*. Universidad Nacional Autónoma de México (UNAM), 1985.

CIFUENTES, LUIS MARÍA. *¿Qué es el laicismo?* Laberinto, 2005.

COEN, LEONARDO Y SISTI, LEO. *Marcinkus "El Banquero de Dios"*. Grijalbo, 1992.

COMTE-SPONVILLE, ANDRÉ. *El alma del ateísmo*. Paidós, 2006.

CONTRERAS MAZARÍO, JOSE MARÍA Y CELADOR ANGÓN, ÓSCAR. *Estatuto de laicidad y Acuerdos con la Santa Sede: dos cuestiones a debate*. Fundación Alternativas, 2005.

CORNWELL, JOHN. *El Papa de Hitler: la verdadera historia de Pío XII*. Planeta, 2000.

COTTRELL, RICHARD. *Informe Cottrell al Parlamento Europeo (Doc. 1-47/84 1984)*. Parlamento Europeo, 1984.

COULIANO, IOAN P. *Más allá de este mundo*. Paidós, 1993.

COURCELLE, B.; DELGADO, F.; FERNÁNDEZ SAÑUDO, M.; GÓMEZ MOVELLÁN, A.; GONZÁLEZ BARÓN, J. F.; LLAMAZARES, D.; OTAOLA, J.; PEÑA-RUIZ, H.; PÉREZ TAPIAS, J. A. Y RAMÍREZ, A. *Laicidad en España: Estado de la cuestión a principios del siglo XXI. (I Encuentro por la laicidad en España, 2001)*. Ayuntamiento de Motril, 2001.

CROSSAN, JOHN D. *El Jesús de la historia*. Crítica, 2000.

D'HOLBACH, BARON (THIRY, PAUL HENRI). *El cristianisme sense vels, o examen dels principis i dels efectes de la religió cristiana*. Publicacions de la Universitat de València, 2006.

—. *Sistema de la naturaleza*. Editora Nacional, 1982.

DALIAN, ROBERT. *Dieux contre Dieux*. L'Home Lucide, 1972.

—. *La Vie de Jésus*. L'Home Lucide, 1972.

DAMASIO, ANTONIO R. *El error de Descartes*. Crítica, 2001.

DAMPIER, W. C. *Historia de la ciencia y sus relaciones con la filosofía y la religión*. Tecnos, 1972.

DAWKINS, RICHARD. *El espejismo de Dios*. Espasa Calpe, 2007.

—. *El relojero ciego*. Labor, 1989.

DE LAPLACE, PIERRE-SIMON. *Ensayo filosófico sobre las probabilidades*. Alianza, 1985.

DE ORBANEJA, FERNANDO. *Historia impía de las religiones*. Planeta, 2006.

—. *Jesús y María, lo que la Biblia trató de ocultar*. Ediciones B, 2006.

—. *La Iglesia no posee la Verdad*. Ediciones Libertarias-Prodhufi, 1995.

DE SANTA OLALLA, PABLO MARTÍN (PRÓLOGO DE RAGUER, HILARI). *De la victoria al concordato*. Laertes, 2003.

DELGADO, FRANCISCO. *Hacia la escuela laica*. Laberinto, 2006.

DELGADO, MANUEL. *Las palabras de otro hombre (anticlericalismo y misoginia)*. Muchnik, 1993.

DESCHNER, KARLHEINZ Y HERRMANN HORST. *El anticatecismo: doscientas razones en contra de la Iglesia y a favor del Mundo*. Yalde, 1996.

DESCHNER, KARLHEINZ. *Historia criminal del Cristianismo (9 volúmenes).* Martínez Roca, 1990-1997.

—. *Historia sexual del Cristianismo.* Yalde, 1993.

DÍAZ-SALAZAR, RAFAEL. *Democracia laica y religión pública.* Taurus, 2007.

—. *El factor católico en la política española.* PPC, 2006.

—. *España laica. Ciudadanía plural y convivencia nacional,* Espasa Calpe, 2007.

DURKHEIM, EMILE. *Las formas elementales de la vida religiosa.* Alianza, 2003.

ELIADE, MIRCEA. *Lo sagrado y lo profano.* Paidós, 1998.

ESTEBAN, JOSÉ. *Refranero anticlerical.* VOSA, 1997.

FÁBREGA ESCATLLAR, VALENTÍN. *La herejía vaticana.* Siglo XXI de España Editores, 1996.

FAU, GUY. *La Fable de Jésus-Christ.* Editions de l'Union Rationaliste, 1967.

—. *Les raisons de l'athéisme.* Cercle Ernest Renan, 1990.

FAURE, SÉBASTIEN. *Doce pruebas de la inexistencia de Dios.* Júcar, 1980.

—. (PRÓLOGO Y EPÍLOGO DE LÓPEZ CAMPILLO, ANTONIO). *Doce pruebas que demuestran la no existencia de Dios.* La Máscara, 1999.

FERNÁNDEZ NIETO, MANUEL. *Proceso a la brujería. En torno al auto de fe de las brujas de Zagarramurdi (Logroño, 1610).* Tecnos, 1989.

FERRERAS, JUAN IGNACIO. *Izquierda, laicismo y libertad.* Biblioteca Nueva, 2002.

FEUERBACH, LUDWIG. *Escritos en torno a la esencia del cristianismo.* Tecnos, 1993.

—. *La esencia del cristianismo.* Trotta, 1998.

—. *La esencia de la religión.* Páginas de Espuma SL, 2005.

—. *Pensamientos sobre muerte e inmortalidad.* Alianza, 1993.

FLORES D'ARCAIS, PAOLO. *"El desafío oscurantista. Ética y fe en la doctrina papal",* en *El Mundo,* 31 de diciembre de 1994.

FO, JACOPO; TOMAT, SERGIO Y MALUCELLI, LAURA. *El libro prohibido del cristianismo.* Ma Non Troppo, 2002.

FRATTINI, ERIC. *La Santa Alianza. Cinco siglos de espionaje vaticano.* Espasa Calpe, 2004.

—. *Secretos vaticanos.* Edaf, 2003.

FREKE, TIMOTHY Y GANDY, PETER. *Los misterios de Jesús. El origen oculto de la religión cristiana.* Grijalbo, 2000.

FREUD, SIGMUND. *Moisés y la religión monoteísta y otros escritos sobre judaísmo y antisemitismo.* Alianza, 2001.

FROMM, ERICH. *El dogma de Cristo.* Paidós, 1982.

—. *Y seréis como dioses.* Paidós, 1981.

GAMETXO, ERRAMUN. *Ni Dios, ni Darwin.* Arabera, 1998.

GARAUDY, ROGER. *Los integrismos. Ensayo sobre los fundamentalismos en el mundo.* Gedisa, 1991.

GARCÍA VOLTÀ, GABRIEL. *Elogio del ateísmo y otras diabluras.* Maikalili, 2006.

GIRONELLA, JOSÉ MARÍA. *100 españoles y dios.* Nauta, 1969.

—. *Nuevos 100 españoles y Dios.* Planeta, 1995.

GLUCKSMANN, ANDRÉ. *La tercera muerte de Dios.* Kairós, 2001.

GOLDHAGEN, DANIEL JONAH. *La Iglesia católica y el holocausto. Una deuda pendiente.* Taurus, 2002.

GÓMEZ MOVELLÁN, ANTONIO. *La Iglesia católica y otras religiones en la España de hoy.* VOSA, 1999.

GONZÁLEZ FAUS, JOSÉ IGNACIO Y SOTELO, IGNACIO. *¿Sin Dios o con Dios? Razones del agnóstico y del creyente.* Hoac, 2002.

GRIERA, MARIA DEL MAR Y URGELL, FERRAN. *Consumiendo religión: un análisis del consumo de productos con connotaciones espirituales entre la población juvenil.* Fundación "La Caixa", 2002.

GRIGULEVIC, I. R. *Brujas, herejes, inquisidores.* Ahriman International, 2001.

GUISÁN, ESPERANZA. *Ética sin religión.* Alianza, 1993.

HARRIS, SAM. *Carta a una nación cristiana.* Paradigma, 2007.

—. *El fin de la fe: la religión, el terror y el futuro de la razón.* Paradigma, 2007.

HERRMANN, HORST. *2000 años de tortura en nombre de Dios.* Ediciones Flor del viento, 1996.

HIORTH, FINNGEIR. *El ateísmo en el mundo.* Ediciones de Filosofía Aplicada, 2004.

—. *Ética para ateos.* Asociación de Editores de la Revista Peruana de Filosofía Aplicada (AERPFA), 1998.

—. *Introducción al ateísmo.* Ediciones de Filosofía Aplicada, 1997.

—. *Introducción al humanismo.* Asociación de Editores de la Revista Peruana de Filosofía Aplicada (AERPFA), 1998.

HIRSI ALI, AYAAN. *Yo acuso. Defensa de la emancipación de las mujeres musulmanas.* Círculo de Lectores, 2006.

HOEVELS, FRITZ ERIK. *Religión. Delirio colectivo.* Ahriman International, 2002.

HOLLOWAY, RICHARD. *Una moral sin Dios.* Alba, 2002.

HUME, DAVID. *Diálogos sobre la religión natural.* Tecnos, 1994.

—. *Historia natural de la religión.* Tecnos, 1992.

HUXLEY, ALDOUS (RECOPILACIÓN). *Huxley y Dios.* Thassàlia, 1995.

INSTITUTO DEL ATEÍSMO CIENTÍFICO DE LA ACADEMIA DE LAS CIENCIAS SOCIALES DE LA URSS. *El ateísmo científico.* Júcar, 1983.

IZQUIERDO, AGUSTÍN. *Ateos clandestinos.* Valdemar, 2003.

JAMES, WILLIAM. *Las variedades de la experiencia religiosa.* Península, 2002.

JOËL, ALBERT. *Le Complexe de Dieu.* La Pensée Universelle, 1972.

KANT, IMMANUEL. *Crítica de la razón pura.* Alfaguara, 1983.

—. *En defensa de la ilustración.* Alba, 1999.

—. *Fundamentación de la metafísica de las costumbres.* Espasa Calpe, 1990.

—. *La religión dentro de los límites de la mera razón.* Alianza, 1995.

KEPEL, GILLES. *Las políticas de Dios.* Anaya -Mario Muchnik, 1995.

KERTZER, DAVID L. *Los Papas contra los judíos.* Plaza y Janés, 2002.

KIENZLER, KLAUS. *El fundamentalismo religioso.* Alianza, 2000.

KRYVELEV, A. *Historia atea de las religiones (2 volúmenes).* Júcar, 1984-1985.

KÜNG, HANS. *¿Existe dios?* Cristiandad, 1979.

—. *Reivindicació d'una ètica mundial.* Editorial Trotta, 2002.

KURTZ, PAUL. *Defendiendo la razón. Ensayos de humanismo secular y escepticismo.* Ediciones de Filosofía Aplicada, 2002.

LA METTRIE, JULIEN OFFROY DE. *El hombre máquina.* Alhambra, 1987.

LANNON, FRANCES. *Privilegio, persecución y profecía. La iglesia católica en España (1875-1975).* Alianza, 1990.

LAS VERGNAS, GEORGES. *Jésus–Christ a–t–il Existé?* La Ruche Ouvrière, 1966.

—. *Pourquoi J'ai quitté l'église romaine.* Editions Imprimerie Le Comptois, 1956.

LEIBNIZ, G. W. *Escritos filosóficos.* Charcas, 1982.

LEITA, JOAN. *Anàlisi destructiva de la Religió.* Edicions 62, 1976.

LEMA TOMÉ, MARGARITA. *La enseñanza de la religión católica en España.* Fundación Alternativas, 2005.

LEVACK, BRIAN P. *La caza de brujas en la Europa Moderna.* Alianza, 1995.

LOCKE, JOHN. *Carta sobre la tolerancia.* Tecnos, 2002.

LÓPEZ CAMPILLO, ANTONIO; Y FERRERAS, JUAN IGNACIO. *Curso acelerado de ateísmo.* VOSA, 1996.

LORENTE, FERRAN Y VILAMITJANA, JORDI. *Propostes per a una litúrgia funerària laica.* Curbet CG Edicions, 2001.

LUCRECIO. *De la Naturaleza. De rerum natura.* Planeta, 1987.

LUTERO, MARTÍN. *Escritos políticos.* Tecnos, 1986.

LLAMAZARES FERNÁNDEZ, DIONISIO. *Derecho de la libertad de conciencia. Libertad de conciencia y laicidad (Tomo 1).* Cívitas, 1997.

MAALOUF, AMIN. *Las cruzadas vistas por los árabes.* Alianza, 1989.

MACKIE, J. L. *El milagro del teísmo.* Tecnos, 1994.

MARINA, JOSÉ ANTONIO. *Dictamen sobre Dios.* Anagrama, 2001.

—. *Por qué soy cristiano.* Anagrama, 2005.

MARTÍNEZ DE VELASCO, JOSÉ. *Los legionarios de cristo: el nuevo ejército del Papa.* La Esfera, 2002.

MAYORAL, VICTORINO. *España: de la intolerancia al laicismo.* Ediciones del Laberinto, 2006.

MESLIER, JEAN. *Crítica de la religión y del Estado*. Península, 1978.

MESSORI, VITTORIO. *Leyendas negras de la Iglesia*. Planeta, 1996.

MILL, JOHN STUART. *La utilidad de la religión*. Alianza, 1986.

—. *Sobre la libertad*. Edaf, 2004.

MINOIS, GEORGES. *Histoire de l'Athéisme*. Fayard, 1998.

MOLINER, ANTONIO. *Fèlix Sardà i Salvany y el integrismo en la Restauración*. Servei de Publicacions de la Universitat Autònoma de Barcelona, 2000.

MOMIGLIANO, ARNALDO Y OTROS. *El conflicto entre el paganismo y el cristianismo en el siglo IV*. Alianza, 1989.

MORO, RENATO. *La Iglesia y el exterminio de los judíos*. Desclée de Brouwer, 2004.

—. *Así hablo Zaratrista*. Edaf, 1982.

NIETZSCHE, FRIEDRICH. *Así habló Zaratustra*. Edaf, 1982.

—. *El Anticristo. Cómo se filosofa a martillazos*. Edaf, 1979.

—. *Más Allá del Bien y del Mal*. Edaf, 1981.

OCKHAM, GUILLERMO DE. *Sobre el gobierno tiránico del papa*. Tecnos, 1992.

ONFRAY, MICHEL. *Tratado de Ateología*. Anagrama, 2006.

OTAOLA BAJENETA, JAVIER. *Laicidad: una estrategia para la libertad*. Bellaterra, 1999.

OTERO, LUÍS. *En el nombre de Franco, del Hijo y del Espíritu Santo*. Ediciones B, 2003.

PECES BARBA, GREGORIO. "Pluralismo y laicidad en la democracia", en *El País, 27 de noviembre de 2001*.

PEÑA-RUIZ, HENRI. *La emancipación laica. Filosofía de la laicidad*. Ediciones del Laberinto, 2001.

—. *La laicidad*. Siglo XXI de España Editores, 2006.

—. *Qu'est-ce que la laïcité?* Gallimard, 2003.

—. *Une histoire de la laïcité*. Gallimard, 2005.

PLEJANOV, G. V. *Ensayos sobre el ateísmo y la religión*. Júcar, 1982.

PUECH, HENRI CHARLES (DIRECTOR). *Historia de las religiones (12 tomos)*. Siglo XXI de España Editores, 1977.

PUENTE OJEA, GONZALO. *Ateísmo y religiosidad. Reflexiones sobre un debate*. Siglo XXI de España Editores, 1997.

—. *Ateísmo y religiosidad. Reflexiones sobre un debate. (2a. edición corregida)*. Siglo XXI de España Editores, 2001.

—. *El Evangelio de Marcos. Del Cristo de la Fe al Jesús de la Historia*. Siglo XXI de España Editores, 1994.

—. *El mito de Cristo*. Siglo XXI de España Editores, 2000.

—. *El mito del alma. Ciencia y religión*. Siglo XXI de España Editores, 2000.

—. *Elogio del Ateísmo. Los espejos de una ilusión*. Siglo XXI de España Editores, 1995.

—. *Fe cristiana, Iglesia, Poder*. Siglo XXI de España Editores, 1991.

—. *Ideología e Historia. El fenómeno estoico en la sociedad antigua*. Siglo XXI de España Editores, 1993.

—. *Ideología e Historia. La Formación del Cristianismo como fenómeno ideológico*. Siglo XXI de España Editores, 1993.

—. *Imperium Crucis. Consideraciones sobre la vocación de poder en la Iglesia católica*. Kaydeda, 1989.

—. *La andadura del saber. Piezas dispersas de un itinerario intelectual*. Siglo XXI de España Editores, 2003.

—. *Mi embajada ante la Santa Sede. Textos y documentos 1985-1987*. Foca, 2002.

—. *Opus minus*. Siglo XXI de España Editores, 2002.

—. *Vivir en la realidad. Sobre mitos, dogmas e ideologías*. Siglo XXI de España Editores, 2007.

QUESADA, JULIO. *Ateísmo difícil: en favor de occidente*. Anagrama, 1994.

RABELLA BAHÍLLO, RICARDO (PRÓLOGO DE PUENTE OJEA, GONZALO). *Prohibido pensar. Deducciones de una enseñanza basada en el nacional-catolicismo*. Tarannà Edicions SCP, 2004.

RANKE-HEINEMANN, UTA. *No y amén*. Trotta, 1999.

RAWLS, JOHN. *Sobre las libertades*. Paidós-ICE de la Universidad Autónoma de Barcelona, 1990.

—. *Teoría de la justicia*. Fondo de Cultura Económica, 1978.

REDONDI, PIETRO. *Galileo herético.* Alianza, 1990.

REVUELTA GONZÁLEZ, MANUEL. *El anticlericalismo español en sus documentos.* Ariel, 1999.

RODRÍGUEZ, PEPE. *El Poder de las Sectas.* Ediciones B, 1989.

—. *La vida sexual del clero.* Ediciones B,

—. *Las Sectas hoy y aquí.* Tibidabo, 1985.

—. *Los pésimos ejemplos de Dios (según la Biblia).* Temas de Hoy, 2008.

—. *Mentiras fundamentales de la iglesia católica.* Ediciones B, 1997.

—. *Pederastia en la Iglesia Católica.* Ediciones B, 2002.

—. *Traficantes de esperanza.* Ediciones B, 1991.

RUBERT DE VENTÓS, XAVIER. *Dios, entre otros inconvenientes.* Anagrama, 2000.

RUNCIMAN, STEVEN. *Historia de las cruzadas (3 volúmenes).* Alianza, 1985-1999

RUSSELL, BERTRAND. *La evolución de mi pensamiento filosófico.* Alianza, 1982.

—. *La perspectiva científica.* Ariel, 1989.

—. *Misticismo y lógica.* Círculo de Lectores, 1999.

—. *¿Por qué no soy cristiano?* Editorial Pocket-Edasha, 1978.

—. *Sobre Dios y la religión.* Martínez Roca, 1992.

SAINT DAMIEN. *Enquête sans salamalecs chez Mahomet.* Saint Damien.

SÁNCHEZ MOTOS, ENRIQUE (PRÓLOGO DE PUENTE OJEA, GONZALO). *Intolerancia religiosa y discriminación en la España democrática.* Ediciones Libertarias-Prodhufi, 2000.

SÁNCHEZ SOLER, MARIANO. *Las sotanas del PP. El pacto entre la iglesia y la derecha española.* Temas de Hoy, 2002.

SARTRE, JEAN PAUL. *El Existencialismo es un humanismo.* Editorial Sur, 1980.

—. *El Ser y la Nada (Obras completas tomo 3).* Aguilar, 1982.

SAVATER, FERNANDO. *La vida eterna.* Ariel, 2007.

SMITH, HUSTON. *Las religiones del mundo.* Thassàlia, 1995.

SUNYER I CAPDEVILA, FRANCISCO (PRÓLOGO Y NOTAS DE ALCOBERRO, RAMON). *Dios. El primer manifiesto ateo del pensamiento catalán en el siglo XIX.* Edicions Cedel, 2007.

TABOADA, JOSÉ ANTONIO DE. *Religión para Ana y Laura. La religión vista por un ateo.* Foca, 2001.

TAMAYO, JUAN JOSÉ. *Adiós a la cristiandad. La Iglesia católica española en la democracia.* Ediciones B, 2003.

TORNOS, ANDRÉS Y APARICIO, ROSA. *¿Quién es creyente en España hoy?* PPC, 1995.

TORRES GUTIÉRREZ, ALEJANDRO. *La financiación de las confesiones religiosas en España.* Fundación Alternativas, 2005.

UNAMUNO, MIGUEL DE. *La agonía del cristianismo.* Alianza, 1986.

VATTIMO, GIANNI. *Después de la cristiandad. Por un cristianismo no religioso.* Paidós, 2003.

VILAR, JUAN B. *Intolerancia y libertad en la España contemporánea. Los orígenes del protestantismo español actual.* Istmo, 1994.

VOLTAIRE. *Cartas filosóficas y otros escritos.* Edaf, 1981.

WARRAQ, IBN. *Por qué no soy musulmán.* Ediciones del Bronce, 2003.

WEBER, MAX. *La ética protestante y el espíritu del capitalismo.* Istmo, 1998.

WILLIS, GARRY. *Pecados papales.* Ediciones B, 2001.

YNFANTE, JESÚS. *La cara oculta del Vaticano.* Foca, 2004.

—. *Opus Dei.* Editorial Grijalbo, 1996.